Tecia Werbowski

Hotel Polski

Aus dem Englischen von Barbara Schaefer

Erzählung

kalliope paperbacks

»Hotel Polski« Copyright © 1999 by Tecia Werbowski, bisher unveröffentlicht.

In französischer Übersetzung erschienen bei Actes Sud, Frankreich (1999) und Les éditions Les Allusifs, Québec, Kanada (2008) unter dem Titel »Hôtel Polski«.

Copyright © 2013 der deutschsprachigen Ausgabe bei kalliope paperbacks, Bettina Weiss Verlag, Heidelberg.

Das englische Original wurde für die deutsche Übersetzung in Absprache mit der Autorin leicht überarbeitet.

Alle Rechte, einschließlich das des vollständigen oder auszugsweisen Nachdrucks in jeglicher Form, sind ausdrücklich vorbehalten.

Umschlaggestaltung: Bettina Weiss, Bammental, unter Verwendung einer Fotografie von © Markus Huth, www.markushuth.com

Druck und Bindung: Digital Print Group, Erlangen

Printed in Germany

1. Auflage 2014

ISBN 978-3-9814953-3-1

www.kalliope-paperbacks.de

BARBARA SCHAEFER

geboren 1955 in Pirmasens, studierte Slawistik, Vergleichende Literaturwissenschaft und Kommunikationswissenschaft in Marburg, Fribourg und Warschau. Seit 1987 lebt sie als Kulturvermittlerin und Literaturübersetzerin in Bern. Zu den von ihr übersetzten Autorinnen und Autoren gehören außer Tecia Werbowski auch Ayten Akshin, Józef Hen, Felix Kandel, Ewa Lipska, Włodzimierz Odojewski, Alexander und Lew Schargorodsky, Andrzej Szczypiorski und Anton Tschechow.

MARKUS HUTH

Jahrgang 1982, studierte Geschichte und Klassische Archäologie an der Humboldt-Universität zu Berlin. Danach folgten journalistische Praktika bei der Moskauer Deutschen Zeitung und der St. Petersburgischen Zeitung sowie ein Stipendium an der Russischen Staatlichen Universität für Geisteswissenschaften (RGGU) in Moskau. Markus Huth ist freiberuflicher Journalist, Autor und Fotograf in Hamburg und arbeitet u.a. für die F.A.Z., Spiegel Online und die Nachrichtenagentur dpa. Er spricht neben Deutsch auch Englisch und Russisch.

1

Ihr Leben war angenehm, sogar sehr angenehm. Allein die Tatsache, in Kanada zu leben, gab einem *eine gewisse natürliche Stabilität*. Es ist ein Privileg, eines, das die Kanadier für selbstverständlich halten. Außerdem genoss Eva finanzielle Sicherheit. Sie war verheiratet und hatte eine harmonische Beziehung mit ihrem Mann. Die beiden empfanden Zuneigung zueinander. Ihre Kinder waren gesund und normal entwickelt. Sie hatte eine Stelle in der Universitätsbibliothek und liebte ihre Arbeit. Ein vielleicht zu eintöniges und allzu vorhersehbares Leben?

Tatsächlich ging in ihrem Innersten, ganz tief in ihrer Seele, etwas vor sich, das schwer zu beschreiben war, eine Art unbegreiflicher *Weltschmerz*[1], eine Ruhelosigkeit, eine Unzufriedenheit mit ihrer Zufriedenheit, ein leises Zittern vor Frustration, so schwach, dass nur ein Seismograph es hätte registrieren können. Das war der Grund, warum sie zwei Wochen im Jahr allein verbringen wollte. Es war so etwas wie Ferien, eine Art Flucht vor der Alltagsroutine. Sie hatte diese Entscheidung im Einvernehmen mit ihrem Mann getroffen. Er war immer konziliant, ein richtiger Gentleman. Wohlerzogen. Sie vereinbarten auch, dass sie nur im äußersten Notfall miteinander telefonieren würden.

---

[1] Im Original auf Deutsch (alle Anmerkungen sind von der Übersetzerin).

Eva hatte sich auch dieses Mal für einen Hotelaufenthalt in Paris entschieden. Sie empfand dort eine gewisse Erregung, eine seltsame innere Unruhe. Es war, als befände sie sich in einem Wartesaal. Ja, als wartete sie auf etwas. Dieses Flüchtige, zeitlich Begrenzte eines Hotels kam ihr entgegen. Dort konnte sich alles Mögliche ereignen. Man konnte sich verlieben, einen Mord oder Selbstmord begehen.

Was war es, das sie veranlasste, nach Europa zu fahren? Sie wusste es selbst nicht. Eine Notwendigkeit metaphysischer Natur, etwas fast Atavistisches, etwas schwer in Worte zu Fassendes, der Ruf ihrer Vorfahren? Und wenn dies so war: Woher kam dieser Ruf?

Ihr kleines Lieblingshotel war das Saint-André-des-Arts im Herzen des Quartier Latin. In den ersten Jahren hatte sie noch ausgiebig die Stadt besichtigt, doch mittlerweile blieb sie meist im Hotel. Sie hatte sich mit dem Besitzer angefreundet, der ihr erlaubte, so lange sie wollte, in dem kleinen Salon sitzen zu bleiben. Sie nahm dort das Frühstück ein, unterhielt sich mit allen möglichen Leuten, und manchmal stellte sie sich als Judith Moss und nicht als Eva Price, ihrem richtigen Namen, vor, was eigentlich völlig unsinnig war. Schließlich war sie ja keine bekannte Persönlichkeit; weshalb wollte sie also dieses, wenn auch unschuldige, Spiel spielen? Wollte sie eine andere sein?

Nachdem sie sich mit den anderen Hotelgästen bekannt gemacht hatte, schenkte sie ihnen keinerlei Beachtung mehr. Gott sei Dank verließen sie – von Eile getrieben, Museen und Galerien zu besuchen – den Tisch, wo es nach Kaffee und Konfitüre duftete, rasch wieder. Eva blieb dann allein zurück, saß auf einem bequemen alten Sofa und beobachtete die Passanten durch die Vorhänge mit dem weißen Schwanenmuster. Sie kam sich vor wie im Theater, konnte ein bis zwei Stunden ruhig dasitzen, wie eine Katze, während ein gewisser Henri ihr das letzte Kapitel seines Buches vorlas, an dem er, soweit sie sich erinnern konnte, schon ewig schrieb. Während der geduldige Autor einen langen Spaziergang mit seiner Mutter schilderte, gab sich Eva ihren eigenen Erinnerungen hin. Dabei wurde ihr bewusst, dass der Schatten ihrer Mutter sie nie verlassen hatte. Er folgte ihr diskret, aber beständig, wie ein Geist. Eine Art abwesende Anwesenheit. Eine seltsame Anspielung auf ein Geheimnis. Eine lebendige Vergangenheit, die sie einholen wollte. Eine polnische Vergangenheit.

In einer dieser Nächte war die Straße vor dem Hotel von Stimmengewirr erfüllt. Jemand spielte Akkordeon, und ein trauriger Clown animierte die Leute zum Tanzen. Durch das geöffnete Fenster lauschte Eva diesem regen Treiben und spürte dabei den Schatten ihrer Mutter mehr denn je. Sie erinnerte sich, wie wunderschön ihre Mutter gewesen war. Feine, regelmäßige Gesichtszüge, ein heller Teint mit einem stets rosigen Anflug, ohne einen Hauch von Make-up, die Lippen immer rot geschminkt (ruft Rot nicht nach Liebe?) und leicht gewelltes Haar. Sie kämmte es glatt und band es im Nacken mit einem schwarzen Samtband zusammen oder steckte es hoch. Sie trug oft eine Sonnenbrille, die wie ein Vorhang ihre grün-blauen ausdrucksvollen Augen, unberechenbar wie das Meer, verdeckte. Eine zarte, diskrete Sinnlichkeit ging von ihr aus. In ihren Augen war etwas Ironisches, etwas Spielerisches und etwas Trauriges. Die ganze Bandbreite dieser Stimmungen drückte sich in ihren Augen aus, nie in ihren Bewegungen. Ihre Stimmungsschwankungen, einem Regenbogen gleich, mussten gebändigt und durch die familiäre Routine, durch die Gewohnheit des Alltags, unter Kontrolle gehalten werden. Über diese Erinnerung und das Treiben auf der Straße fiel Eva in einen tiefen Schlaf.

Im Traum, den sie in jener Nacht hatte, ging ihre Mutter über den Boulevard Saint-Michel. Sie wollte kein Aufsehen erregen, aber ihr Gang war provozierend und graziös zugleich, von einer Art angeborener Eleganz. Allen, Männern und Frauen, musste sie auffallen. Sie errötete und bekam an ihrem Schwanenhals kleine rote Flecken. Sie trug ihr Armani-Kleid und warf sich lässig eine weiße Boa über. Dann winkte sie schalkhaft und kokett und verschwand.

Am Morgen bat Eva das polnische Zimmermädchen, ihr das Frühstück aufs Zimmer zu bringen. Alle anderen mussten hinunter in den kleinen Speisesaal gehen – Eva kam sich daher privilegiert vor. Von ihrem Fenster aus beobachtete sie die Parade schwarzer Regenschirme. Es regnete in Strömen, und sie beschloss, in ihrem Zimmer zu bleiben: um zu lesen und Musik zu hören – das stille Telefon neben sich. Fotos von ihren Kindern und ihrer Mutter standen auf dem kleinen Tisch.

Das polnische Zimmermädchen klopfte an die Tür. Sie sprach nur Polnisch. Warum hatte die Mutter Eva nicht ein wenig Polnisch beigebracht, und warum hatte sie nie über Warschau, ihre Heimatstadt, gesprochen? Eigentlich hatte Eva ihre Mutter nie Polnisch sprechen hören bis zu dem Tag, als sie an einem gefährlichen Fieber im Krankenhaus starb. In ihrem Fieberwahn hatte sie unzusammenhängende Dinge von sich gegeben, so als wollte sie noch etwas sagen. Es muss etwas Wichtiges gewesen sein. Eva bedauerte, dass sie die fremden Laute einer ihr unbekannten Vergangenheit nicht verstand, einer Vergangenheit, die sie nie zuvor beschäftigt hatte, bis zu dem Tag, als...

2

Es war ein drückend heißer Sommer gewesen. Im Juli. Die Kinder waren im Ferienlager. Das heißt, sie waren Betreuer von jüngeren Kindern. Evas Mann war geschäftlich in Toronto unterwegs. Sie kam nach Hause und war sehr froh, dass sie nun Zeit für sich hatte: in Ruhe lesen konnte, nicht zu kochen brauchte und vielleicht ins Schwimmbad gehen konnte. Daheim fand sie eine Menge Post im Briefkasten vor. Sie setzte sich hin und griff sogleich nach einem Prospekt, der für internationale Hotels warb. Mit der Sorgfalt eines Gourmets, der in schicken, teuren Restaurants isst, sah sie sich die Abbildungen an. Bequeme tiefe Samtsessel, die intime Beleuchtung von Tiffany-Lampen, der Widerschein von Kronleuchtern in antiken Spiegeln. Eine elegante, attraktive Dame, die ein Glas Champagner in der Hand hielt. Und ein gepflegt aussehender Herr, der bestimmt intensiv nach Eau de Toilette von Hermès roch. Eva legte den Prospekt beiseite und fand unter den vielen Reklamen und Rechnungen einen großen weißen Umschlag mit deutschen Briefmarken. Eine runde und gut lesbare Handschrift eines Musterschülers. Der Name ihrer Mutter, ihre Adresse (die Mutter hatte oben in ihrer Maisonette-Wohnung gelebt). Der Absender: Ilse Riegel, Breslauer Straße 12, Düsseldorf. Eva kannte niemanden mit diesem Namen. Sie öffnete den geheimnisvollen Briefumschlag. War es etwas Wichtiges? Ihre Finger zitterten leicht. Der Brief war auf Englisch.

Liebe Anna Kamien-Patterson!

Dieser Brief wird Sie höchstwahrscheinlich überraschen. Wir kennen uns nicht, aber wir beide sind durch meinen verstorbenen Mann miteinander verbunden. Erlauben Sie mir, dass ich mich vorstelle, bevor ich zu dem komme, was Sie betrifft. Zum Glück fand ich Ihre neue Adresse im Internet. Mein Mann hatte nur Ihre alte Adresse. Ich heiße Ilse Riegel. Mein Mann Joachim ist vor einem halben Jahr verstorben. Ich war seine zweite Frau und viel jünger als er. Fünf Jahre haben wir sehr glücklich miteinander verbracht. Wie Sie sich erinnern, und dessen bin ich sicher, haben Sie meinen Mann während des Krieges kennengelernt, genauer gesagt im Mai 1943, im Hotel Polski, nicht wahr? Er hat mir einmal von den Umständen Ihrer Begegnung und Ihren Erlebnissen erzählt. Ich bin sicher, dass das Hotel Polski eine Menge Erinnerungen in Ihnen wachruft. Joachim hat seinem Sohn verschiedene Fotos und Dokumente hinterlassen, die für Sie von Interesse sein dürften. Ich hoffe, dieser Brief erreicht Sie bei guter Gesundheit. Vielleicht kommen Sie einmal nach Europa, oder vielleicht fliege ich einmal nach Kanada, obwohl das eine lange und kostspielige Reise ist.

Unterdessen sende ich Ihnen die Adresse von Joachims Sohn, der es nicht eilig zu haben scheint, Ihnen zu schreiben.

Heinrich Riegel
Goethestraße 28
Düsseldorf

Mit freundlichen Grüßen
Ilse Riegel

Was soll das?, fragte sich Eva. Was für eine Beziehung konnte ihre Mutter während des Krieges mit einem Deutschen gehabt haben? Und was hatte das Hotel Polski damit zu tun? Eine dubiose Angelegenheit.

Ihre Mutter war Polin, das wusste Eva natürlich. Es war unmöglich, dass eine Polin während des Krieges die Freundschaft zu einem Deutschen gepflegt hätte. Es sei denn, ihre Mutter hätte mit den Deutschen kollaboriert. Aber das war vollkommen absurd. Und wer war diese Frau? Von welchen Fotos oder Dokumenten sprach sie? Ja, der Name ihrer Mutter war Kamien, was ›Stein‹ bedeutet. Eva durchforschte ihr Gedächtnis nach bedeutsamen Details, die die Kriegsjahre ihrer Mutter erhellen könnten. Sie versuchte, das Puzzle zusammenzusetzen, indem sie sich jede wichtige Begebenheit aus ihrer Kindheit und Jugend in Erinnerung rief. Mit kriminalistischem Spürsinn musste sie die Details zu einem sinnvollen Ganzen zusammenfügen – aber wie? Sie fing an, alles von einem psychologischen Standpunkt aus zu analysieren.

Was hatte die Zurückhaltung ihrer Mutter zu bedeuten gehabt? Es musste eine Art von Verleugnung gewesen sein, eine Unterdrückung dessen, was sie wirklich war. Aber eine Verleugnung wovon? Was hatte ihr ›Ich habe alles unter Kontrolle‹ zu bedeuten gehabt? Offensichtlich gab es etwas, vielleicht sogar vieles, das unter Kontrolle zu halten war. Und ihre Beziehung zu ihrer Umgebung? Sie liebte Tiere. Das mit Sicherheit. Ja, sie fütterte Eichhörnchen, Vögel und wilde Katzen. Jede Katze hatte einen Namen. Die graue Katze hieß beispielsweise Anna Karenina. Ja, Eva erinnerte sich an diese hässliche, graue Katze. Sie hatte ihre Mutter gefragt, warum gerade der Name Anna Karenina, und ihre Mutter hatte geantwortet: ›Weil sie traurig ist und ein schlimmes Ende finden wird.‹ Warum solche verhängnisvollen Erwartungen?

Eva wurde plötzlich bewusst, dass sie sich immer hatte melden müssen, anrufen müssen, um zu sagen, wo sie gerade war, und wie ängstigte sich ihre Mutter, wenn sie sich auch nur um einige Minuten verspätete. Was kam ihr noch zu ihrer Mutter in den Sinn? Ihre Mutter tanzte gern. Sie hatte Eva sogar Tango beigebracht. Oft packte sie ihren Mann und sagte: »Lass uns Wange an Wange tanzen.«

Ihr Vater war ein wenig steif, ein wenig schüchtern, aber schließlich kapitulierte er vor der Verrücktheit seiner Frau, folgte vorsichtig ihren Schritten, während sie aus voller Kehle sang: »Karussell, Karussell.« Hatte das etwas zu bedeuten? Es gab so ein Chanson von Jacques Brel. Ein wunderbares, trauriges und kraftvolles Chanson. Ein Chanson, das einen schwindelig machte. Ihre Mutter mit wehenden blonden Haaren und einem Hauch von Schweiß auf den Schläfen. Was war das für ein Anblick!

Ilse – wer war diese Frau eigentlich, und was wollte sie? Eva versuchte zwischen den Zeilen zu lesen. Sie möchte wohl gerne hierherkommen. Und würde dadurch unser Leben auf den Kopf stellen.

Eva hatte sich einen ruhigen Abend gewünscht, und dieser Brief machte alles zunichte.

Sie war sechsundvierzig, nach dem Krieg geboren, in einem Land weit weg von diesem leiderfüllten Europa und seinen Katastrophen. Und dennoch, so fragte sie sich: Woher kam diese Nostalgie für Europa und besonders jetzt, nach Mamas Tod? Und was war mit ihren Verwandten?

Einmal hatte die Mutter ihr erzählt: »Weißt du, ich war das einzige Kind eines älteren Ehepaares, und alle unsere Verwandten sind nach und nach gestorben – oder vielleicht während des Krieges umgekommen. Nach dem Krieg konnte ich keinen einzigen mehr ausfindig machen.«

Es gab also keine Spuren mehr, keinen Kontakt. Wie seltsam.

Eva überließ sich weiterhin ihren Gedanken. Bruchstücke ihres Lebens mit ihrer Mutter und ihrem Vater zogen wie in einem Dokumentarfilm vor ihren Augen vorbei. Sie erinnerte sich beispielsweise an den Tag, als sie alle zusammen nach New York gefahren waren. Sie logierten im Hotel Carlyle in der Madison Avenue, Eartha Kitt sang dort. Sogar ihr Vater, dem man so etwas wie eine *technische Intelligenz* bescheinigte, genoss diesen Aufenthalt. Aber warum erinnerte sie sich ausgerechnet an diesen Abend? Mama war in einer verträumten Stimmung – Eva war die Verträumtheit der Mutter ein wenig peinlich –, und sie lauschte aufmerksam den Worten von Eartha Kitts Song.

Ihre Mutter liebte die Atmosphäre der Kabaretts, der Piano-Bars, ihr gefiel die unpersönliche Intimität, der Klang beim Anstoßen zweier Gläser, so als würden sie sich küssen, das verhaltene Lachen der Damen, das leicht betrunkene Kichern, das Freisein von Konventionen, die nachmitternächtliche sinnliche Stimme.

An dem Tag, als Eva den Brief erhielt, erzählte sie weder ihrem Mann noch ihren Kindern etwas davon.

Als ihr Mann zurückkam, fragte er: »Ist alles in Ordnung, Liebling?«

Und sie erwiderte höflich: »Alles ist in Ordnung«, und dachte dabei: Alles ist unter Kontrolle.

Sie spürte das Gewicht der Worte in Ilses Brief und fragte sich, wie sie damit umgehen solle. Sie fragte sich nach der wahren Bedeutung dieser Worte, nach deren möglichem Einfluss auf ihr Leben. Gleichzeitig befürchtete sie, dass diese Worte ihr ruhiges Dasein durcheinander bringen könnten. Ihr Wunsch, in Ruhe gelassen zu werden, war recht stark, aber gleichzeitig war sie entschlossen, herauszufinden, was es mit diesem Brief auf sich hatte.

Hotel Polski... Was für eine merkwürdige Losung. Handelte es sich wirklich um ein Hotel?

In ihrem Büro recherchierte sie im Internet und wurde fündig. Es gab ein Buch: *Hotel Polski* von Abraham Shulman. Sie musste weitersuchen.

Sie fand das Buch in der Bibliothek unter der Rubrik *Holocaust-Literatur*. Das allein schon machte sie beklommen.

Die Geschichte war also keine Fiktion, sie war nicht erfunden. Es waren offenbar reale Namen, nichts schien zufällig zu sein. Ein belegbarer, historischer Hintergrund.

Sie musste die Geschichte ihrer Mutter herausfinden, musste ihre Abneigung, mit dem Übel und dem Horror des Krieges in Berührung zu kommen, überwinden. Diese Erkundungsreise musste sie persönlich machen, auf eigene Faust, ohne die Familie oder Freunde einzubeziehen. Sie kam sich schrecklich allein vor. Selbst ihre Mutter wurde ihr nun fremd. Wie ambivalent ihre Gefühle bezüglich ihrer ganz persönlichen Recherche auch waren, sie wusste, dass sie nun keine Wahl hatte, sie musste diese unheimliche Fahrt hinein in diesen dunklen Tunnel fortsetzen. Sie bekam eine Gänsehaut. Mit diesem Schaudern und ihrem Entschluss begann ein neues Kapitel in ihrem Leben.

3

Als erstes tat sie so, als sei sie krank, aber sobald ihr Mann ins Büro und ihre Kinder zur Schule gegangen waren, verließ auch sie das Haus und ging in die Bibliothek, um dort in Ruhe weiterlesen zu können. Der Lesesaal war gemütlich und beruhigend. Sie setzte sich direkt vor den Kamin und fühlte sich durch die Anwesenheit der anderen Besucher ermutigt. Sie schienen in ihre Lektüre vertieft und vollkommen gleichgültig gegenüber ihrer Anwesenheit zu sein. Das gab ihr Sicherheit. Hier war sie anonym. Sie spürte, dass sie all ihre Konzentration und Kraft brauchte. Sie las fast den ganzen Tag und vergaß darüber sogar das Mittagessen.

In dieser Nacht wurde sie wirklich krank. Sie wurde von Träumen, die sich in Alpträume verwandelten, heimgesucht. Aus dem Nichts ertönte die samtweiche Stimme ihrer Mutter: »Es gab einmal, das heißt vor dem Zweiten Weltkrieg, das Hotel Polski, ein kleines unbedeutendes Gebäude, das nur Reisenden aus den Provinzstädten bekannt war. Das kleine Restaurant kochte nur für ein paar Hotelgäste und Durchreisende. Das Hotel hatte weder den Glanz noch das Geheimnisvolle, das man mit solchen Häusern verbindet. Es stand vielmehr da wie eine müde, alte Prostituierte, die auf einen Kunden wartet. Auch wenn es noch so unattraktiv war, dieses zweitklassige Hotel, so hatte es doch sein Eigenleben und viele Geschichten zu erzählen.«

Der Märchenton der Mutter ging in einen sachlichen Ton über: »Das Hotel Polski wurde zur Bühne des rätselhaftesten, merkwürdigsten und geheimnisvollsten Ereignisses des Zweiten Weltkriegs. Es geschah zwischen Mai und September 1943, wenn ich mich recht entsinne.«

Nun fand sich Eva ihrerseits in der Eingangshalle des Hotels Polski wieder. Es war schon spät am Abend, und im ersten Stock in einer Art Salon fand eine eilig vorbereitete Vorstellung statt. Es war der 21. Mai 1943, der große Kalender zeigte dieses Datum an. Władysław Garbiński und seine Frau sangen ein Duett.

»Wer ist das?«, fragte Eva.

»Der jüdische Gestapoagent«, flüsterte kichernd ihre Nachbarin, die ein Seidenkleid trug. »Keine Sorge, er wird Ihnen helfen. Sie brauchen nur etwas Geld oder Schmuck.« Und wieder lachte sie, während die anderen sie baten, sich ruhig zu verhalten.

»Lasst uns die Stimmen der Verführung hören«, forderte ein anderes Paar.

»Das Hotel Polski, die unwiderstehliche Versuchung«, riefen andere im Chor, die Teil des Publikums waren.

Eine Gruppe von Leuten zeigte ihre Visa nach Uruguay, Peru und Palästina.

»Wir gehen nach Vittel, einem bekannten Erholungsort«, sagte eine elegant gekleidete Dame. »Und dann weiter nach Südamerika.«

»Um auszuspannen, zu schlafen, zu vergessen«, sang der Chor der Kellner, die in ihren Uniformen wie Pinguine aussahen.

»Lasst uns darauf trinken«, rief ein älterer Mann, der Galoschen trug, obwohl es schon Mai war.

Einige tranken lieber Wodka und bestellten Kaviar.

»Was für ein Bankett«, staunte Eva, »während draußen die Menschen verhungern.«

Vierundsechzig jüdische Männer, Frauen und Kinder waren nach der neusten Mode gekleidet, hatten elegante Koffer und wurden zum Bahnhof gebracht, wo sie einen luxuriösen Personenzug bestiegen.

»Wie bizarr, wie grotesk«, schrie ein Bettler auf der Straße mitten in Warschau.

»Das ist eine Falle, das ist eine Falle«, brüllte jemand.

Eine polnische Hausverwalterin, einen Besen in der Hand, flüsterte ihren Hausbewohnern zu: »Haben Sie gehört, haben Sie gehört? Diese reichen Juden setzen sich mit Luxusbussen ins Ausland ab, sie besorgen sich fremde Pässe, eine fremde Identität und zahlen dafür einen Haufen Geld. Schmuck, Diamanten, Goldmünzen, Dollars, sie sind stinkreich, diese Juden. Ich habe gehört, sie wären alle umgekommen, im Ghetto verbrannt, aber das stimmt nicht. Hunderte von ihnen sind wie Kakerlaken aus ihren Verstecken herausgekrochen. Sie sind stinkreich, diese Juden. Sie besitzen Goldmünzen, Dollars, Diamanten, alles was man sich nur vorstellen kann – sie sind stinkreich, diese Juden.«

Einige Hotelgäste, gekleidet wie in einem Tschechow-Stück, schlenderten im Hof umher, als promenierten sie in einem Badeort. Eine der Damen trug einen violetten Hut, sie lächelte dem Herrn, der auf sie zukam, verführerisch zu. Er trug einen flotten Strohhut, machte eine Verbeugung und küsste ihre Hand.

»Wie geht es Ihnen, Lola? Spielen Sie eine Partie Bridge mit uns heute Abend? Sind Sie schon reisefertig?«

»Ja, meine polnische Freundin Zosia hat versprochen, mir was Neues zu nähen. Sie bringt es morgen. Mein lieber Karol, Sie müssen Ihr Haar schneiden lassen. Vergessen Sie nicht, dass wir schick aussehen müssen in Vittel.«

»Oh, ja, natürlich, wissen Sie, die Deutschen haben uns

erlaubt, unbeschränkt Gepäck mitzunehmen.«
»Ich mag Ihren Schnurrbart, Stanisław. Er ist sehr en vogue im Moment. Sie sehen wie ein richtiger polnischer Aristokrat aus. Den französischen Damen wird das gefallen. Hahaha.«
Eine ältere Dame ganz in Schwarz erschien mitten in der euphorischen Menge und schrie: »Ihr Narren, ihr naiven Idioten, hört auf zu lachen, schaut euch um: Mein Mann hat sich aus dem vierten Stock im brennenden Ghetto gestürzt, Jolas Mutter ist verhungert, Felix hat seine ganze Familie in Auschwitz verloren, Milas Brüder wurden im Pawiak-Gefängnis erschossen, hört auf, ihr Spiel mitzuspielen! Ihr begebt euch auf eure letzte, unheilvolle Reise!«
Die feinen Damen und eleganten Herren zeigten auf sie und jagten sie aus dem Saal. »Hinaus mit dir, du mit deinem Haufen jüdischen Unglücks, verschwinde aus dem Hotel und versuche dich zu verstecken. Erpresser oder die Gestapo werden dich aufgreifen bei deinem semitischen Aussehen. Wir wollen leben. Wir sind auserwählt, um gegen Deutsche, die von den Alliierten gefangen wurden, ausgetauscht zu werden.«
Lolek Stokowski, der jüdische Verräter, und Eva, seine Geliebte, saßen an einem separaten Tisch, schlürften Wodka und aßen marinierte Heringe. Er hatte einen Smoking an, sie trug ein cremefarbenes langes Kleid und Diamantohrringe. Die Hotelgäste flüsterten: »Geht nicht zu ihnen hin. Er ist zum Tode verurteilt und wird jeden Augenblick vom jüdischen Widerstand erschossen werden.«
»Aber warum? Wir brauchen seine Hilfe.«
In der Zwischenzeit trafen einige als Feuerwehrleute verkleidete Männer in Rikschas in der Hotelhalle ein. Ein Möbelwagen brachte eine ganze Familie, die direkt im

Innenhof aus einem Kleiderschrank stieg. Die anderen Gäste, ein amüsiertes Publikum dieses Spektakels, applaudierte kräftig. Herzlich willkommen im Paradies der Dummköpfe!

Die deutschen Gestapoleute trafen lächelnd ein: »Meine Damen und Herren, etwas mehr Ordnung bitte. Halten Sie Ihr Geld und Ihre Wertgegenstände bereit und begeben Sie sich zu den Herren Kenigel und Guzik wegen Ihrer Papiere. In einer Woche geht der erste Transport nach Vittel.«

»Sie haben uns *Damen und Herren* genannt. Ich gehe zum Friseur. Mein Haar ist eine Katastrophe.«

In diesem ganzen Tumult versuchte Eva ihre Mutter wiederzufinden. Sie öffnete jede Tür; diese führten in Räume, die voller Gepäckstücke waren, in Räume, wo Menschen saßen, schliefen, sich unterhielten, mit polnischen Freunden verhandelten, die zu Besuch gekommen waren, um etwas zu kaufen oder zu verkaufen. Die Juden brauchen genügend Geld, um ihre ausländischen *promesas* zu kaufen.

Eva öffnete eine weitere Tür und sah ein Paar beim Liebesakt. Sie nahmen keinerlei Notiz von ihr. »Esther, geh nicht. Ich liebe dich. Bleib bei mir.«

Eva war es peinlich, aber sie konnte nicht umhin, die beiden anzuschauen.

»Das ist vielleicht das letzte Mal. Es wird vielleicht kein Morgen für uns geben.«

Eva suchte weiter nach ihrer Mutter, aber sie wurde von einer ausgelassenen Menge aufgehalten, die Franciszka Mann applaudierte, einer Tänzerin und Gestapo-Agentin, die nun anfing zu singen. Sie tanzte gewöhnlich im *Melody Palace* für Geld, aber heute hatte sie beschlossen, für ihre Landsleute eine Gratisvorstellung zu geben. Ihre Körperbewegungen waren sehr sexy.

Hotel Polski

*Wir halten allem stand
außer dieser Versuchung
Wir werden in Sicherheit sein
Während andre ihr Grab graben müssen*

*Schau nicht auf das Ghetto
Wo unsere Mütter und Brüder
Umkamen
Wir gehen nach Vittel*

*Gib mir den Diamantring deiner Mutter
Mademoiselle
Vergiss keinen einzigen Wertgegenstand*

*Aus dem Höllenschlund
Geh´n wir nach Vittel
Gib mir, gib mir deine Juwelen, dein Geld
Mein Liebling, meine Süße…*

»Das ist nicht ihr letzter Tanz«, flüsterte die Pessimistin in Schwarz. »Ihr letzter Tanz wird in Auschwitz sein. Schaut sie euch an. Sie vollführt einen tödlichen Striptease.«

Franciszka Mann zog ihre Bluse und ihren BH aus. Die wollüstigen Gestapomänner gafften wie hypnotisiert. Sie bückte sich, streifte ihre Schuhe ab und schleuderte dann blitzschnell ihre hochhackigen Pumps gegen Quackernacks Stirn. Durch den schmerzhaften Schlag bedeckte er sein Gesicht mit den Händen, während sie nach seiner Pistole griff. Sie schoss auf ihn, dann auf Schillinger. Sie fielen zu Boden.

Die jüdische Agentin, eine Tänzerin, starb als Heldin.

Eva versuchte, sich durch die Menge hindurchzukämpfen, immer noch auf der Suche nach ihrer Mutter.

»Verzeihen Sie«, fragte sie höflich, »kennen Sie Frau Anna Kamien?«

Eine Frau mit gebleichtem blondem Haar erwiderte: »Anna Kamien, die hübsche, arisch aussehende Schlampe, die mit Joachim Riegel, diesem Deutschen, schläft? Sie ist mit ihm hinausgegangen. Und woher kommen Sie?«

»Aus Kanada.«

Die ganze Meute fiel über Eva her. »Wir wollen auch nach Kanada. Rette uns... Wir geben dir alles, was wir haben und noch mehr.«

Sie bedrängten Eva, es herrschten schrecklicher Lärm und Aufregung.

Ein Gestapooffizier kam herein. »Ruhe. Ordnung – oder ich schieße.« Er schoss in die Luft.

Eva wachte schweißgebadet auf.

»Liebling, du scheinst einen schlechten Traum gehabt zu haben.« Evas Mann berührte ihre Stirn. »Kinder, Mama hat hohes Fieber. Bringt mir schnell Aspirin und ein Glas Wasser!«

4

Heinrich Riegel kam ganz erschöpft nach Hause. Er hatte genug von seinen Kollegen bei der Bank, genug von seinem Chef. Sein Nacken tat ihm weh von den Krawatten und den steifen Hemdkrägen, die Nicole immer stärkte. Er hatte Kopfschmerzen vom Lesen der Börsenberichte und den ganzen Zahlen, die am Ende des Tages wie wild gewordene Mäuse vor ihm herumliefen. Wenn er nur Urlaub nehmen könnte. Ausspannen. Zum Glück war Nicole, die aus der Schule zurückgekehrt war, wo sie Französisch unterrichtete, gut gelaunt, und Rudi hatte einen Brief aus Heidelberg geschrieben, in dem er wissen ließ, dass seine Doktorarbeit die Anerkennung seines Professors gefunden habe. Heinrich Riegel beschloss, sich zu entspannen, sich heiter zu geben. Seine Tochter Inge, die Nachtschicht im Krankenhaus hatte, schlief noch. Ein gutes, aber wirklich widerspenstiges Kind. Heinrich hatte ein wenig Angst vor ihr. Er befürchtete, sie könnte von zuhause weggehen, falls er mit ihren Ansichten nicht einverstanden wäre. Er war daher erleichtert, dass er eine Konfrontation mit ihr vor dem Abendessen vermeiden konnte. Sie war fest entschlossen, nach Afrika zu gehen, und die Tatsache, dass es ehrenamtlich und gefährlich war, kümmerte sie nicht im Geringsten. Er konnte sich schon die schlaflosen Nächte, konnte sich Nicoles Panik vorstellen.

Inge hatte ihren Großvater Joachim sehr geliebt. »Niemand kann mich nun hier noch halten«, hatte sie einige Wochen nach dessen Tod erklärt. »Er war der einzige, der mich verstanden hat.«

Sie wurde etwas nachgiebiger, als sie Heinrichs gequälten Gesichtsausdruck sah. Das Gefühl des unwiederbringlichen Verlustes war das, was sie verband, obwohl Inge das nicht zugeben wollte. Verzweiflung war ihr ganz persönliches Privileg. Nicole war gewiss eine gute und anständige Frau, aber sie hatte gesundheitliche Probleme. Langwierige Allergien und manchmal sogar Asthmaanfälle. Vielleicht war das alles psychosomatisch, und wenn, war das vielleicht seine Schuld? Es stimmte, dass er viele Überstunden machte, aber hatte ein Mann in seiner Position überhaupt eine Wahl? Er hatte während der letzten Lebensmonate seines Vaters sehr wenig Zeit mit ihm verbracht; dessen Krebserkrankung hatte sich zwei Jahre lang hingezogen, und zum Schluss, während der letzten Monate, hatte es sogar ein wenig Hoffnung gegeben. Wie hätte Heinrich also wissen können, dass es das Ende war?

Seine Mutter war an einem Herzinfarkt gestorben. Ein plötzlicher, ein schöner Tod. Wahrscheinlich ohne Schmerzen. Sie ging so, wie sie gelebt hatte. Still. Sie hatte wenig gesprochen, hart gearbeitet, immer das getan, was sich gehörte. Heinrich war das einzige Kind gewesen, aber seine Mutter hatte ihn nicht verwöhnt. Sein Vater schon. Er hatte ihm immer Spielsachen gekauft. Später Kinderbücher und dann ernsthaftere Literatur. In seiner Jugend war Heinrich ein eifriger Leser gewesen, aber jetzt konnte er sich nicht erinnern, wann er zum letzten Mal ein Buch in der Hand gehabt hatte. Wo und wie sollte er Zeit dafür finden? Sein Vater war Professor für slawische Sprachen gewesen, die Literatur war sein Gebiet, sein tägliches Brot, das Lesen war seine Aufgabe.

Nicole hatte ein gutes Abendessen zubereitet, und Heinrich wurde nach zwei Gläsern Bier allmählich ruhiger.

Bei Inge wird sich das schon geben. Sie wird schnell wieder zurückkommen oder auch gar nicht erst weggehen. Es gibt schlimmere Probleme, tröstete er sich. Drogen oder Aids. Seine Kinder waren gesund, hatten eine gute Ausbildung. Warum erfasste ihn also nach dem Tod seines Vaters eine solche Angst, eine solche Panik – vielleicht war es Todesangst?

Heinrich wollte sich gerade ein drittes Glas Bier einschenken, als das Telefon läutete. Es war Ilse. Zuerst beklagte sie sich wieder darüber, dass niemand sie anrief (was bedeutete, dass er nicht angerufen hatte) oder sie besuchen kam, und dann fing sie an zu weinen: »Ich bin so allein.«

Also lud er sie für den nächsten Samstag zum Abendessen ein. Sie beruhigte sich ein wenig und dann ließ sie ihn mit äußerst entschiedener Stimme wissen, dass sie dieser…, Joachims Anna, geschrieben habe. Sie erklärte ihm, dass sie dieser Frau seine Adresse gegeben habe, da er ja die kleine Schachtel mit den verschiedenen Dokumenten besaß, und dass sie schließlich nicht in das Geheimnis eingeweiht sei. Wahrscheinlich habe niemand Vertrauen zu ihr, wahrscheinlich halte niemand sie für ein wirkliches Mitglied der Familie, obwohl Gott selbst wissen müsse, was sie mit Joachim erlebt, was sie während seiner letzten Lebensmonate mit ihm durchgemacht habe. Das sei wirklich furchtbar gewesen. Dann schnäuzte sie sich noch einmal länger die Nase und gab nun, in einem ruhigen Ton, weitere Anweisungen: Falls ein Brief aus Kanada komme, von dieser…, von dieser Anna, dann sei es an ihm, das Nötige zu tun.

Als Ilse schließlich den Hörer aufgelegt hatte, spürte Heinrich ein flaues Gefühl im Magen. Ilse hatte ein Talent, unangenehme, hässliche Dinge wieder aufleben zu lassen. Sie mischte sich gern in das Leben anderer ein, so als hätte sie kein eigenes. Sie kannte jede Klatschgeschichte, alles war für sie von Wichtigkeit, von Interesse. Sie empfand Schadenfreude[2], wenn andere Probleme oder Ärger hatten. Heinrich hatte nie verstanden, warum sein Vater so bald nach dem Tod seiner Mutter wieder geheiratet hatte, und dazu eine so viel jüngere Frau, die auch noch so viel herber war als er. Hatte er sich vor der Einsamkeit gefürchtet? Die beiden hatten sich im Sanatorium kennengelernt. Ilse hatte dort in der Radiologie gearbeitet. Es lässt sich nicht leugnen, dass sie sich tadellos um seinen Vater gekümmert hatte, aber wie hatte dieser sie nur aushalten können? Wie hatte er ihr Geschwätz ertragen können? Sie redete Unsinn wie eine Schwachsinnige. Und war vorwitzig wie eine Hausmeisterin. Und warum hatte sie dieser Anna geschrieben? Heinrich hatte noch nicht den Inhalt der kleinen Schachtel untersucht. Höchstwahrscheinlich enthielt sie einige Dokumente, sogar ein Foto, und vielleicht Schmuck. Er zögerte, da er befürchtete, eine unangenehme Entdeckung zu machen. Der nächste Tag war ein Samstag. Er würde gut schlafen. Und dann würde er die Schachtel öffnen und sorgfältig ihren Inhalt untersuchen. Er würde es widerwillig tun, aber es war seine Pflicht. Nun, da Ilse diesen Wirbel gemacht hatte.

Der Samstag war trüb. Es regnete. Nicole schlief noch – mit offenem Mund. Es hatte eine Zeit gegeben, als diese leicht geöffneten Lippen ihn gerührt hatten. Heute aber hätte er gerne gesagt: »Mach deinen Mund zu. Du siehst aus wie ein toter Fisch.«

---

[2] Im Original auf Deutsch.

Inge war irgendwo hingegangen, hatte aber einen Zettel hinterlassen mit der Nachricht, dass sie zum Abendessen wieder da sein werde. Heinrich hätte gerne länger geschlafen, und er ärgerte sich, dass er es nicht konnte. Diese verdammte Disziplin eines Bankangestellten! Sogar an freien Tagen wurde er um sechs Uhr dreißig wach. Er machte sich einen starken Kaffee und versuchte, sich über die Ruhe und Stille ihres großen Hauses zu freuen. Er wäre gerne aufs Land gefahren, um zu sehen, was mit dem Garten und *der Hütte* – so pflegte er ihr Haus auf dem Lande zu nennen –, los war, aber ihm graute es vor der Horde von Nachbarn, die trotz des Regens mit Sicherheit anrückten, um in ihren Schrebergärten mal wieder irgendwas zu pflanzen.

In Kanada herrscht nicht so eine Enge, dachte er. Was für ein weites Land das ist, und wie wenig Menschen es dort gibt. Und diese Schönheit muss faszinierend sein. Ob man dort auf die Jagd gehen kann? Vielleicht würde es sich wirklich lohnen, mit dieser Person, die meinen Vater gekannt hat, Kontakt aufzunehmen, vielleicht wäre es keine schlechte Sache, dort eine Farm zu kaufen. Das wäre eine bessere Investition. Heinrich erkannte in sich die praktische und ein wenig selbstsüchtige Stimme seiner Mutter, und plötzlich konnte er sich nicht ausstehen.

»Ich muss diese geheimnisvolle Schachtel öffnen, vielleicht wird eine Giftschlange herausschnellen wie in dem Märchen, das Vater mir vorgelesen hat, als ich klein war.« Er musste laut lachen. »Warum bin ich kein neugieriger Mensch?«

Ilse hätte schon längst den Safe geöffnet, sie war verärgert, dass sein Vater ihm die Schachtel anvertraut hatte. Heinrich hätte es vorgezogen, nichts davon zu wissen, aber sein Vater hatte ihn mit dieser Aufgabe betraut. Nachdem er von seiner Krebserkrankung erfahren hatte, gab er Heinrich den kleinen Schlüssel und eine Vollmacht, den Safe zu öffnen, in dem sich nur diese Schachtel befand. Sein Vater war bei vollem Bewusstsein gestorben. Und als es dem Ende zuging, flüsterte er: »Ich habe dich sehr gern, mein lieber Sohn; ich hatte großen Respekt vor deiner Mutter, und Anna habe ich sehr geliebt«, dann schloss er für immer die Augen.

Heinrich verbarg die Schachtel, die er im Safe gefunden hatte, unter seiner Unterwäsche. Er sah sich nicht imstande, die Schachtel zu öffnen. Vielleicht war es die Büchse der Pandora. Er konnte es ganz einfach nicht tun. Zumindest nicht jetzt.

Einige Wochen vergingen, und Heinrich versuchte, sich die Vergangenheit seines Vaters vor Augen zu führen. Dieser hatte also jemand anderen als seine Frau, Heinrichs hingebungsvolle Mutter, geliebt. Sie mussten wohl erst kurz verheiratet gewesen sein, als er nach Polen geschickt wurde. War es die Trennung, die Einsamkeit, die diese Liebesbeziehung begünstigt hatten? Heinrich war über all die Jahre seiner Ehe seiner Frau treu gewesen. Gewiss fühlte er sich manchmal von anderen Frauen angezogen. Bei einigen Gelegenheiten hatten ihn sogar die athletischen und erotischen Körper von Frauen in knappen Badeanzügen im Schwimmbad erregt. Jeden Freitag ging er nach der Arbeit schwimmen, aber er lebte seine Phantasien niemals aus. Manchmal beneidete er seinen Freund Carl um dessen Eskapaden. Carl hatte eine Frau und drei Kinder – woher nahm er nur die Energie und das Geld, um noch eine Geliebte zu unterhalten? Sein Vater war damals zumindest weit weg. Er war seiner Frau untreu gewesen, aber es war nicht das Gleiche, wie von einem Bett ins andere zu springen Er versuchte sich zu erinnern, ob seine Eltern ein großes französisches Bett hatten oder zwei auseinander stehende Betten.

Einige Wochen vergingen, bis Heinrich endlich beschloss, die Schachtel zu öffnen. Es war elf Uhr, und alle schliefen schon. Er ging hinunter in den Keller. Äußerst pietätvoll öffnete er die Schachtel, wobei er sehr konzentriert und angespannt war. Sie enthielt das ›zweite Testament‹ seines Vaters:

Mein lieber Sohn, dies sind meine Kriegsaufzeichnungen. Sehr persönliche. Es handelt sich dabei nicht um ein Original, sondern um eine Abschrift meiner handschriftlichen Aufzeichnungen, die ich aus Polen geschmuggelt habe, zusammen mit anderen Dokumenten, die ich offiziell herausbringen musste, als ich im November 1943 das Land verließ. Es gibt Worte, die ich nicht mehr entziffern kann, weil sie chaotisch und in der Eile hingeschrieben wurden. Ich muss Dir auch einige Dinge erklären, weil Du der Nachkriegsgeneration angehörst und in unserer Generation kaum jemand wirklich aufrichtig über den Krieg gesprochen hat. Ich will, dass Du alles weißt, und meine Enkelkinder auch. Inge wird mit Sicherheit alles verstehen. Zu Rudi hatte ich nicht das gleiche Verhältnis. Vielleicht irre ich mich bezüglich einiger Daten und Fakten. Denn das hier ist kein historischer Bericht, und außerdem war ich damals hoffnungslos verliebt, in Anna. Meine Hilflosigkeit hat mich fast verrückt gemacht. Denn es war eine verbotene Liebe. Diese gefährliche Beziehung hätte uns beide das Leben kosten können. Nach dem Krieg ging Anna ihren eigenen Weg und fing ein neues Leben an. Die Vergangenheit wollte sie ruhen lassen. Sie antwortete nicht mehr auf meine Briefe. Ich weiß, dass sie geheiratet und eine Tochter in deinem Alter hat.

Mein Gott, wie viel Vertrauen mir mein Vater geschenkt hat, wie sehr er mich ins Vertrauen gezogen hat, dachte Heinrich voller Liebe und Zärtlichkeit. Plötzlich wurde er von einer Neugier gepackt, wie nie zuvor. Er las weiter.

Während des Krieges wurde ich an der Front verwundet. Ich war ein gewöhnlicher Soldat des Dritten Reiches. Außerdem war ich Student der Slawistik im letzten Studienjahr und konnte gar nicht mal so schlecht Polnisch und Russisch. Ich hatte von der Diplomatenlaufbahn geträumt. Das erregte einiges Misstrauen, aber meine Akte war einwandfrei. Im Übrigen sollte damals alles in den Dienst der *guten Sache* gestellt werden.

Noch nicht ganz wieder genesen, wurde ich ins Gestapohauptquartier beordert. Ich sollte als Übersetzer tätig sein und hatte in gewisser Weise den Auftrag, die Zivilpersonen im Hotel Polski in Warschau zu *überwachen*. Ich freute mich, nach Warschau zu fahren. Vielleicht würde ich mich in den Buchläden etwas umschauen können. Wie naiv ich doch war!

Das Hotel Polski war vor dem Krieg eher zweitklassig. In der Bel Etage befand sich ein Restaurant der gleichen Kategorie. Es lag in der Długa-Straße 29. Ende April 1943 war das Warschauer Ghetto völlig zerstört. Aber das deutsche Oberkommando wusste, dass sich Hunderte, vielleicht sogar Tausende von Juden mit sogenannten arischen Papieren noch in Warschau versteckt hielten. Viele von ihnen waren sehr reich. Um an ihr Geld, ihren Schmuck und ihre amerikanischen Dollars zu kommen, musste also der richtige Weg gefunden werden, diese versteckten Personen in eine Falle zu locken.

Man hatte mir gesagt, alle sollten Visa für ihr Geld bekommen, Visa für verschiedene südamerikanische Staaten, für Palästina und sogar für die Vereinigten Staaten, denn sie sollten gegen Kriegsgefangene der Alliierten ausgetauscht werden. Zunächst glaubte ich felsenfest an diesen Plan, und wie sich zeigte, glaubten Hunderte von Juden auch daran. Sie verließen ihre Verstecke und kamen, um sich im Hotel zu melden.

Es war sehr seltsam, Menschen zu beobachten, die sich darüber freuten, dass sie sich zu ihrer wahren Identität bekennen und ohne Befürchtungen oder Angst in dem Hotel bleiben konnten, um all die Pass- und Visaformalitäten zu regeln. Sie hatten angefangen zu glauben, dass sie der Hölle würden entrinnen können. Unsere *Kunden* hielten sich einige Wochen dort auf. Alle waren ordentlich gekleidet, einige von ihnen sogar elegant. Es gab Damen, die in den Schönheitssalon gingen, auf ihr Aussehen bedacht waren und auch flirteten. Die *Hotelgäste* konnten nach Belieben kommen und gehen. Berauscht von dem Gefühl der Freiheit, waren sie in Hochstimmung. Andere wiederum sahen niedergeschlagen aus. Wie wandelnde Leichname. Ich bemühte mich sehr, sie nicht anzuschauen. Ihre polnischen Freunde hatten das Recht, sie zu besuchen, daher ging es zu wie in einem Bienenstock. Es gab auch einige Spekulanten, die etwas kauften oder verkauften, aber wir hatten Anweisung, Nachsicht walten zu lassen. Wir hatten ebenfalls von oben die Anweisung, diese jüdischen Menschen sehr höflich zu behandeln.

Eigentlich war ich als Übersetzer tätig, aber ich hatte den offiziellen Befehl erhalten, die Stimmungslage der Hotelgäste zu beobachten. Trauten sie uns Deutschen, hatten sie Vertrauen in diese Aktion? Mehr als einmal hörte ich, dass Ehepaare Sätze fallen ließen wie: ›Hier ist etwas nicht koscher.‹ Oder: ›Hier ist etwas faul.‹ Aber ich hatte nicht die Absicht, die Rolle des Spitzels zu spielen, und deshalb denunzierte ich sie nicht. Ich untersuchte die Lage selbst.

Vor allem versuchte ich zu verstehen, was hier vor sich ging. Ich beobachtete auch Juden, die für die Gestapo arbeiteten: ein gewisser Adam Kenigel, Lolek Skosowski, Władysław Garbiński; Dawid Guzik spielte dabei die wichtigste Rolle, recht ordentlich übrigens. Er hatte nämlich seine Frau und seine Kinder wegfahren lassen, er musste also daran geglaubt haben. Zusammen mit einer ganzen Gruppe von Leuten hatte er seine Familie nach Vittel geschickt, und von dort aus sollten sie weiterfahren.

Später begannen die Menschen von Bergau zu sprechen, einer Art Durchgangslager bei Dresden – aber gab es so etwas wirklich?

Es stellte sich heraus, dass das ganze nur erfunden war. Leute standen Schlange bei den Zuständigen der verschiedenen Länder, um *Visazusagen* zu erhalten. Die Visa für Palästina kosteten am wenigsten, daher stellten sich die Ärmeren in diese Schlange.

Eines Tages, als ich gerade mit jemandem beschäftigt war, der mir mit aufgeregter Stimme sagte, man habe ihm seine *Kennkarte*[3] gestohlen, und ich ihn zu dem dafür zuständigen Informationsschalter brachte, sah ich plötzlich, dass eine junge Frau in die Hotelhalle gekommen war. Sie war allein, trug einen kleinen Koffer. Ich dachte, sie sei eine Polin, die ihre Bekannten suchte, um ihnen ein paar Sachen zu bringen. Hellblondes Haar, ein vollkommen arisches Aussehen, selbstbewusst, schlicht, aber adrett gekleidet. Mit ihrer sehr guten Figur bewegte sie sich wie eine Ballerina.

---

[3] Im Original auf Deutsch.

Ich ging auf sie zu. »Kann ich Ihnen helfen?«[4]
Und sie sagte: »Sie sprechen nicht zufällig Polnisch?«
»Doch«, erwiderte ich.
»Ich möchte in die Staaten ausreisen, weiß aber nicht, ob ich genug Geld habe. Ich habe 100 000 Złoty, ja, und einen Ring.«
»Das ist zu wenig, aber wir wollen sehen, was sich machen lässt. Sie können zunächst mal Ihr Zimmer zahlen, und morgen werden wir versuchen, diese Angelegenheit zu regeln.«
Sie hatte mir auf Anhieb gefallen.
»Ihr Name?«, fragte ich in einem formellen Ton, um mein persönliches Interesse zu verbergen.
»Anna Kamien.« Sie streckte mir die Hand entgegen, eine Hand, die abgearbeitet und entzündet war.
Sie errötete, als sie bemerkte, dass ich auf ihre Hände schaute. Man sah, dass sie ihre spontane Geste bedauerte. Nun schien ihr Gesichtsausdruck zu sagen: Ich strecke einem Deutschen meine Hand entgegen!
Nach einem Moment des Zögerns fügte sie hinzu: »Diese Finger haben einst Klavier gespielt. Nun schälen sie Kartoffeln. Ich arbeite seit drei Jahren in einer Küche. Es ist Krieg. Ich will, ich muss ihn überleben.« Sie sah mir direkt in die Augen, diesmal ohne Verlegenheit, als habe sie nichts zu verlieren. »Ich habe niemanden. Vielleicht wird das die Sache erleichtern?« Sie sagte das mit einer schmerzhaften Ironie, ohne auf eine Antwort zu warten.
Ich fragte daher: »Möchten Sie mir heute beim Abendessen Gesellschaft leisten?«
»Alles, was Sie wollen. Ich kann sogar Cancan auf dem Tisch tanzen.«

---

[4] Im Original auf Deutsch.

Ich errötete und dachte: Für eine Jüdin ist sie ganz schön keck.

»Entschuldigung, ich habe mich noch nicht vorgestellt. Joachim Riegel.« Ich wollte ihre Hand küssen. So war ich erzogen, und hatten wir nicht außerdem von oben die Anweisung, *sehr höflich* zu sein?

Sie zog ihre Hand zurück. Dann neigte sie graziös ihren Kopf und murmelte – ich weiß nicht warum – auf Französisch: »À ce soir«. Sie ging in ihrem tänzelnden Schritt zur Rezeption, um ein Zimmer zu mieten, und besiegelte damit ihr Schicksal.

An jenem Abend beschloss ich, sie in ein anderes Hotel auszuführen. Ich wollte nicht in der Gesellschaft dieser aufgeregten Leute sein, die damit beschäftigt waren, ihr Geld zu zählen, ihre Wertsachen zusammenzusuchen und endlos verschiedene Möglichkeiten zu diskutieren, indem sie sich selbst und anderen allerlei Fragen stellten, oft nur rhetorische. »Vittel, wissen Sie, das ist ein Kurort. Wir werden uns dort erholen. Haben Sie schon irgendwelche Nachrichten von Ihrem Freund, der mit der ersten Gruppe gefahren ist? …Nein?… Das ist merkwürdig. Da er doch versprochen hat zu schreiben… Wie viel hat Ihnen der Mann für Ihren Ring geboten?« Es war wie auf einem Basar oder an einer hektischen Börse.

Ich bereitete einen speziellen Passierschein für Anna Kamien vor. Was mich betraf, so hatte ich natürlich meine eigenen Papiere, aber ich war in Zivil und ich sprach Polnisch. Ich hatte mich sehr unauffällig gekleidet – ich wollte nicht als Deutscher erkannt werden, denn auch das hätte gefährlich sein können.

Das Hotel Bristol stand inmitten der Ruinen. Eine surreale Landschaft. Aber es stand noch. Ich versuchte die schreckliche Tristesse rundum zu ignorieren, die müden, unterernährten Menschen nicht zu sehen. Schließlich war ich ein junger Mann. Ich wollte normal leben. Und Anna auch. Sie verbarg ihr Erstaunen nicht, als sie die Menschen hier ruhig sitzen und ihr Abendessen einnehmen sah. Die meisten waren Deutsche, es gab aber auch einige Volksdeutsche[5] sowie Spekulanten. Das Essen war nicht schlecht, wenn man bedenkt, dass wir im Krieg waren. Anna aß mit großem Appetit, wobei sie versuchte, nicht zu hastig alles hinunterzuschlingen. Ich bestellte etwas Wein. Das Orchester spielte. Einige Paare tanzten Wiener Walzer. Ich erzählte Anna von mir, meiner Familie, meinem Studium.

Sie hörte mir zu, aber ich hatte den Eindruck, dass sie sagen wollte: ›Was geht mich Ihre Familie an, da ich doch meine verloren habe.‹ Also begann ich über Literatur und über Musik zu reden. Anna kam zweifellos aus einer guten Familie, war sehr belesen und intelligent. Ich forderte sie zum Tanzen auf. Ich schmiegte mich an sie. Dieser Augenblick des heimlichen Glücks war berauschend, und wir tranken, ertränkten dadurch unsere Sorgen. Alles um uns herum war gefährlich und entsetzlich. Dieser erste Abend konnte zugleich auch unser letzter sein.

Schließlich fragte ich sie: »Waren Ihre Eltern…, waren *beide* Juden?«

Sie erstarrte. »Wäre es einfacher für Sie, wenn mein Vater oder meine Mutter arisch gewesen wäre? Leider kann ich Ihnen diese Genugtuung nicht verschaffen. Ich bin eine hundertprozentige grässliche Jüdin, *eine verfluchte Jüdin«,* fügte sie auf Deutsch hinzu. Dann streifte sie ihren Ring vom Finger und gab ihn mir. »Das ist meine Bezahlung für das Abendessen.«

---

[5] Im Original auf Deutsch.

Sie erhob sich und wollte zurück ins Hotel, aber ohne meine Begleitung konnte sie nicht den Weg gehen. Ich ließ sie hinaus, dann holte ich sie ein, und wir gingen schweigend zurück zum Hotel Polski. Die Straße war menschenleer. Wir wurden von einer deutschen Patrouille angehalten. Ich zeigte meine Papiere. Ihre verlangte man nicht, aber ich spürte, wie Anna zitterte.

Ich zog sie zum Hoteleingang hin und küsste ihre verweinten Augen. Sie wehrte sich nicht dagegen.

Als wir das Hotel betraten, schliefen alle schon ihren unruhigen Schlaf. Ich gab ihr ihren Ring zurück.

»Verzeihen Sie meine taktlose Frage.« Wir waren beide viel zu übermüdet, um schlafen zu können, und so fragte ich sie wie ein Idiot: »Spielen Sie Schach?«

Und zu meiner großen Überraschung erwiderte sie: »Ja.«

Ich hatte ein kleines Schachspiel bei mir, ein Geschenk von einem Freund. Wir setzten uns an einen kleinen Tisch und begannen zu spielen. Sie machte langsame, aber wohlüberlegte Züge, von intensiver Konzentration, so als hätte sie eine Wette mit sich selbst abgeschlossen: Falls ich gewinne, werde ich diesen verdammten Krieg überleben. – Du weißt, dass ich ein guter Schachspieler bin. – Und stell dir vor: Sie gewann das Spiel! Danach verliebte ich mich Hals über Kopf in sie.

In jener Nacht konnte ich nicht schlafen. Die Situation der Menschen, die meiner Obhut anvertraut waren, und insbesondere die Situation meines Schützlings Anna, belastete mich sehr. Ich fragte mich, ob ich deshalb so schlecht gespielt hatte, weil ich übermüdet war. Hatte ich mich nicht genügend konzentriert oder hatte ich sie vielleicht unbewusst gewinnen lassen, weil ich spürte, dass es ihr wichtig war? Verstehst du, das war ein sehr entscheidendes Spiel. Ich wollte ihr damit wirklich so sehr imponieren, ihr beweisen, dass ich ein ausgezeichneter Schachspieler sei. Ein *abscheulicher Deutscher,* aber ein guter Schachspieler.

Mein Verhalten den Hotelgästen gegenüber war distanziert. Ich kann nicht behaupten, dass ich sie verachtete, aber ich hatte Angst, in ihnen mehr zu sehen als nur eine Gruppe von Leuten, die ihre Papiere bekommen sollten und irgendwohin transportiert wurden. Ich begann mich zu fragen, warum ich *ihre Stimmungslage beobachten* sollte.

Eines Abends, nachdem alle Beteiligten angehört worden waren, luden meine Vorgesetzten mich ein, mich zu ihnen an den Tisch zu setzen. Sie fragten mich, warum ich nicht mit ihnen zu Abend aß. Ich befürchtete, dass sie mich mit Anna gesehen hatten, obwohl wir das Gebäude immer getrennt und durch den Hintereingang betraten und verließen. Wir tranken einige Gläser, und Hans begann von einem Juden zu erzählen, der unbedingt sein Akkordeon mitnehmen wollte. »Hast du gesehen, wie viel Gepäck sie mitschleppen? Das wird eine Überraschung werden, wenn sie in ihrem Kurort, in Vittel, ankommen. Sie werden dort ein gutes Bad bekommen. Eine hervorragende Sauna!«

Die anderen fingen an zu lachen. Dann schauten sie mich an, verstummten und fragten spöttisch: »Na, wie geht´s unserem Slawophilen? Kommst du gut mit ihnen klar?«

»Natürlich, alles läuft prima.«

»Nun, Joachim, dann pass gut auf, dass alles weiterhin prima läuft.«

Wovon sprachen sie? War das alles nur Theater? Konnte es sein, dass diese Menschen in ein Arbeitslager kamen, statt auszureisen? Natürlich hatte ich keine Ahnung von den Gaskammern, aber ich vermutete, dass es Arbeitslager gab, in denen man auch sterben konnte vor Hunger oder Erschöpfung.

Anna, was würde mit Anna geschehen? Inzwischen hatte ich erfahren, dass die sichersten Visa jene für Palästina waren. Ich musste sie davon überzeugen, sich ein Visum für Palästina zu besorgen, aber würde sie mir vertrauen, meine guten Absichten erkennen?

Jeden Tag sah ich Anna und sprach mit ihr. Wir hatten unsere eigene geheime Methode, miteinander zu kommunizieren. Wenn ich den Anfang von Schuberts *Forellenquintett* pfiff, dann bedeutete das, dass sie am Abend kommen und an meine Tür klopfen konnte. Sie klopfte viermal kurz.

Die Vorbereitungen für die Abreise der Hotelgäste und meine Liebesbeziehung mit Anna dauerten einige Wochen. Während der ganzen Zeit verließen ganz normale Busse das Hotel mit Herren und Damen und ihren eleganten Koffern. Von jenen Reisenden, die voller Hoffnung gewesen waren und euphorisch im Hotel gewartet hatten, waren nicht mehr viele übrig. Anna wartete immer noch, bis sie an die Reihe kam, und ich tat nichts, um die Prozedur zu beschleunigen. Ich wollte mit ihr zusammen sein und sonst nichts.

Ich weiß nicht, ob Anna mich geliebt hat. Aber wir waren uns sehr nah. Zu keinem anderen Menschen hatte ich je eine solche, fast schmerzhafte Nähe empfunden. Stell dir vor, ich war ihr erster Mann. Das war eine vorbehaltlose Verpflichtung, nicht war?

Eines Tages kam mein Vorgesetzter zu mir und sagte: »Packen Sie alle Papiere zusammen und warten Sie auf weitere Anweisungen.« Was hatte das zu bedeuten?

Ich gab Anna ihr Geld zurück und legte meines in die Kasse, ihre Papiere und ihr Foto versteckte ich; meine Vorgesetzten überprüften alles. Wir mussten überlegen, was als nächstes zu tun war, da wir von einem Tag auf den anderen lebten. Wir schufen uns eine Illusion der Hoffnung, ohne dabei jedoch zu übersehen, wie absurd dies alles war. Ich war ein Deutscher, ihr Feind, und verheiratet; sie war für mich verboten, weil sie eine Jüdin war. Wie konnte ich sie retten? Sie musste schnell den nächsten Bus nach Palästina nehmen.

Am andern Morgen um sechs Uhr befand sich das Hotel Polski wie in einem Belagerungszustand. Die Ausplünderung der noch Dagebliebenen hatte begonnen. Von feinen Manieren keine Spur, nicht die geringste Höflichkeit, die Komödie hatte ein Ende. Die Gestapo zerrte die Menschen aus den Zimmern und verfrachtete sie auf klapperige Lieferwagen. Ich war bei Anna. Wir schliefen noch, eng aneinandergeschmiegt. Ich versteckte sie im Wandschrank und ging hinaus auf den Flur. Als ich sah, was los war, schloss ich die Tür und half ihr beim Anziehen. Dann suchten wir Schutz auf dem Dachboden. Wir trafen auf drei Personen, die sich auch dort versteckt hatten. Wir wagten kaum zu atmen. Jemand kam schreiend herein. Er fand niemanden.

Das Stiefelgetrampel und das Schreien hörten auf. Im Hotel herrschte Totenstille. Ich hörte Annas Herz schlagen. Auch meines hämmerte wie wild.

Ich half Anna, ihren kleinen Koffer zu packen, gab ihr ihre Kennkarte zurück, gab ihr noch etwas Geld und die goldene Uhr, die ich trug. Sie gab mir ihren Ring. Ich wollte ihn nicht nehmen, aber sie bestand darauf. »Als Erinnerung an mich.«

Dann richtete sie sich auf wie ein Soldat. Sie küsste mich auf die Stirn und rief: »Dreh dich um, dreh dich um, oder ich schieße.« Und weg war sie.

Ich stand immer noch wie angewurzelt, wie gelähmt, da. Ich tat nichts, um sie zurückzuhalten. Sie hatte mir gesagt, sie würde an ihren früheren Arbeitsplatz, ein Lokal, wo sie in der Küche gearbeitet hatte, zurückkehren. Sie hatte sichere arische Papiere. In jenen Tagen nahmen sogar Polinnen der guten Gesellschaft jede Arbeit an, nur um ihren Lebensunterhalt zu verdienen. Vielleicht würde sie überleben. Sie war sehr stark. Stärker als ich. Sie würde wenigstens nicht verhungern.

In jener Nacht weinte ich zum ersten Mal in meinem Leben. Am nächsten Tag erhielt ich den Befehl, nach Deutschland zurückzukehren. Ich nahm jedes Geräusch des Zuges wahr. Ich war nicht mehr derselbe Joachim, der die Hotelhalle der Hoffnung im Hotel Polski betreten hatte.

Nur eine Handvoll Menschen konnte sich wirklich ins Ausland retten. Alle anderen wurden in Zügen wegtransportiert, einige von ihnen tatsächlich in das Lager von Vittel, aber alle wurden dann später nach Auschwitz geschickt. Dort wurden sie vergast. Das Hotel Polski wurde dem Erdboden gleich gemacht.

Falls du irgendwann einmal mit Anna oder mit ihrer Tochter in Kontakt kommst, dann gib ihr ihren Ring und das Foto zurück. Und denk daran: Du musst immer ein Mensch bleiben, lieber Heinrich.[6]

Dein Vater
Joachim

---

[6] Im Original auf Deutsch.

Heinrich spürte, dass er etwas trinken musste. Ich bin in der letzten Zeit zu sehr in vieles verstrickt. Ich stehe unter einem solchen Druck, und nun diese Krise, dachte er. Denn das war mit Sicherheit eine Krise. Und welche Rolle hatte seine Mutter dabei gespielt? Sie hatte wahrscheinlich keine Ahnung davon, hatte wahrscheinlich nie etwas erfahren. Aber hatte sie irgendwelche Vermutungen gehabt, hatte sie je etwas gespürt?

Er schenkte sich einen Whisky ein. Das ist gut fürs Herz, versuchte er sich zu rechtfertigen.

Er fühlte sich allmählich besser. Er nahm alle Papiere heraus. Sie waren ein wenig vergilbt, aber feinsäuberlich geordnet. Sein Vater war ein Pedant gewesen... Hier, Annas Foto. Sie sah wirklich so aus, wie sein Vater sie beschrieben hatte. Leider war nur ihr Gesicht zu sehen. Tatsächlich kein Allerweltsgesicht. Diese ausdrucksstarken Augen, die elegant geschwungenen Augenbrauen, der sinnliche Mund. Ja, sie hatte wirklich so etwas von einem *Komm zu mir*.[7] Er entdeckte noch einige Postkarten aus dem Nachkriegspolen mit Annas Unterschrift. Leider konnte er das Geschriebene nicht verstehen.

Oh, da war ja auch noch ein Brief von ihr auf Polnisch. Das war ihre letzte Nachricht – September 1946. Diesmal wahrscheinlich ein weniger zärtliches Post Scriptum zu ihrer Liebesgeschichte. Eine Art Schlusspunkt. Was konnte sie geschrieben haben? Vielleicht finde ich jemanden, der es mir übersetzen kann, dachte er. In dem Brief lagen ein gepresstes Kleeblatt und ein Vergissmeinnicht. Mit anderen Worten: Sei glücklich, aber vergiss mich nicht. Heinrich war unwillkürlich gerührt.

Hatte er je einen anderen Menschen so wahnsinnig geliebt? Er liebte seine Kinder. Und Nicole? Hatten sie je

---

[7] Im Original auf Deutsch.

etwas Verrücktes zusammen unternommen? Es ging so gesittet bei ihnen zu, alles war so gut geplant, so wohlgeordnet. Die Reise nach München zum Oktoberfest war ein Vergnügen gewesen: eine Unternehmung außerhalb der Arbeitszeit, für die Bankangestellten und ihre Ehefrauen. Es war übrigens seine Idee gewesen. Aber was sein Vater erlebt hatte, war unglaublich. Doch gerade wegen dieser Gefahr musste er sich als etwas Besonderes gefühlt haben. Ich hätte mich auch in diese Anna verliebt, dachte er. Aber ist eine Frau – ganz gleich welche – es überhaupt wert, dass man für sie oder mit ihr sterben will? Vater war ein Romantiker, ein Bilderbuchheld. Und er, Heinrich, war ein Bankmanager. Ein Realist.

Er zog ein weiteres Papier aus dem Kuvert. Es war die Kopie einer Geldüberweisung von einer Düsseldorfer Bank nach Warschau. Hatte also sein Vater Annas Flucht nach Kanada bezahlt? Ja…, aber da waren auch einige Belege für Postsendungen aus Kanada. Sie hatte ihm diese Summe in Raten zurückbezahlt. Aus Stolz.

Ehrfürchtig nahm Heinrich den Ring in die Hand. Dieser Ring hatte schon eine Menge erlebt und gesehen. Ein kleiner Diamant mit Saphiren. Vielleicht könnte er ihn Nicole eine Zeitlang ausleihen? Aber dann müsste er ihr alles erzählen. Nein, das war eine reine Männerangelegenheit. Schließlich hatte sein Vater ihm dieses Geheimnis anvertraut. Wenn nur Ilse sich nicht so anstellen würde, was die Einzelheiten dieser Geschichte betraf.

»Vater ist tot, und sie ist immer noch eifersüchtig. Eifersüchtig auf seine Vergangenheit. Und ich bin es auch«, murmelte Heinrich.

Joachim hatte gut ausgesehen, das stimmt. Groß. Breitschultrig. Sein Gesicht hatte etwas sehr Männliches, etwas Beschützerhaftes. Er hatte Bergwanderungen sehr gemocht und Heinrich mitgenommen. Sie waren zusammen in Österreich Bergsteigen gewesen, hatten mit ihren Rucksäcken in Berghütten übernachtet. Sein Vater pfiff beim Wandern gerne vor sich hin. Heinrich erinnerte sich, dass er vor allem Schuberts *Forellenquintett* pfiff. Er sah ihn vor sich, wie er plötzlich gedankenverloren stehenblieb. Sicher war es die Sehnsucht nach Anna oder der Versuch, die Erinnerung an sie wachzurufen.

Ich werde dieser Anna schreiben, beschloss Heinrich. Aber vielleicht lebt sie gar nicht mehr? Obwohl die Frauen im Allgemeinen ja länger leben als die Männer. Ja, ich werde ihr schreiben. Gleich morgen.

Er hörte die Stimme seines Vaters: ›Morgen ist nie, wenn du etwas tun willst, dann tu es jetzt, sofort.‹

Und so begann Heinrich, wobei er wie ein Gymnasiast an seinen Nägeln kaute, an Anna einen Brief zu schreiben.

5

Nach einigen Wochen gewann Eva ihre Ruhe zurück. Es muss wieder *business as usual* herrschen, sagte sie sich. Sie würde an Heinrich schreiben, aber erst wenn sie sich alles gut überlegt hätte. Sie fing an, eine Menge über den Krieg zu lesen, vor allem darüber, was in Polen passiert war. Mama hatte also unter solch schwierigen Bedingungen gelebt. Das war schrecklich. Eva war protestantisch, aber nicht sehr religiös. Sie hatte nie das Bedürfnis verspürt, sich in die Religion und die Geschichte der Juden zu vertiefen. Doch nun war sie bereit, mehr darüber zu erfahren. Aber nicht sofort. Schließlich war das eine ihr völlig fremde Welt. Für den Augenblick wollte sie erstmal alles über ihre Mutter erfahren.

Sie wollte Heinrich schreiben, aber er kam ihr mit einem an ihre Mutter adressierten Brief zuvor. Sein Englisch war tadellos. Er schlug Anna ein mögliches Treffen vor, sagte aber nicht genau wo.

Eva schrieb ihm zurück und teilte ihm mit, dass ihre Mutter vor fünf Jahren gestorben sei. Sie gab Heinrich ihre Adresse und die Faxnummer von ihrem Büro.

Zehn Tage später, am zweiten September, schickte Heinrich ein Fax von seiner Bank aus und schlug Eva ein Treffen in Warschau vor. Sie könnten dort vielleicht drei Tage verbringen, Samstag, Sonntag, Montag, vielleicht Ende Oktober. Er fügte hinzu, dass er problemlos per Internet zwei Zimmer im Hotel Bristol reservieren könne. Würde es ihr möglich sein zu kommen? Er wollte ihr persönlich einige Dinge von seinem Vater und ihrer Mutter übergeben.

Eva hielt Heinrichs Brief in der Hand. Durch die Nervosität und die Erregung geriet sie ein wenig ins Schwitzen. Was war er für ein Mensch? Sie wusste nichts über ihn. Nun, da der Vater besonders aufrichtig gewesen zu sein schien, musste der Sohn auch ein anständiger Mensch sein. Sollte sie John etwas sagen? Sie hatte bis jetzt noch niemandem etwas von der ganzen Geschichte erzählt. Sie hatte sich in ein Netz von Geheimnissen verstrickt. Das war sonst nicht ihre Art. Sie hatte bisher immer alles mit ihrem Mann geteilt. Bis jetzt war das die Angelegenheit ihrer Mutter gewesen, aber jetzt betraf es sie. Und falls sie sich nun mit einem unbekannten Mann treffen würde, müsste John darüber informiert werden. Gleichzeitig begann ihr dieses Geheimnis aber auch zu gefallen. Es ist interessant und aufregend, eine solche Sache *ganz für sich* zu haben. Aber vielleicht war es ja auch eine Art Spionagegeschichte. Dokumente, die sein Vater hinterlassen hatte... Vielleicht war das alles nur eine Fiktion. Aber nein. Sie wurde paranoid.

Und wenn dieser Heinrich abscheulich und widerlich war? Er musste ja durchaus nicht seinem Vater gleichen... Was war nur mit ihr los? So ein Unsinn, sie dachte wie ein Teenager. Schließlich würde sie ja keinen Liebhaber treffen, sondern einen *Geschäftspartner* sozusagen. Aber warum musste sie den weiten Weg nach Warschau machen, um ihn zu treffen? Nun, vielleicht weil es die Stadt ihrer Mutter war. Dieser Joachim und ihre Mutter hatten sich dort kennengelernt. Hier sollte also die Fortsetzung folgen? Diese Begegnung konnte durchaus interessant werden. Hotel Bristol.

Sie würde bei ihrem Reisebüro anrufen und fragen, was

das für ein Hotel ist und auch ihre eigenen Recherchen anstellen, wie sie es normalerweise tat. Vor einiger Zeit war sie bei *Slavtours* vorbeigegangen, einem Reisebüro in der Nähe der Metro-Station Vendôme. Sie hatte festgestellt, dass sie auf Reisen nach Polen spezialisiert waren. Nach dem Tod ihrer Mutter hatte sie sogar dort hinfahren wollen, es aber dann, Gott weiß warum, doch nicht getan.

Immer im September fuhr Eva nach Paris, aber vielleicht würde sie diesmal die beiden Wochen im Oktober nehmen und von Paris aus nach Warschau fliegen, das war ja nur ein *Katzensprung.*[8] ...Woher kannte sie dieses deutsche Wort? ...Ja, ihre Mutter hatte es oft benutzt. Vielleicht stammte der Ausdruck von Joachim?

Sie würde Heinrich ein Fax schicken: Danke für die Einladung. Wir werden uns in Warschau treffen, im Hotel Bristol, am 23. Oktober. Ich werde mit dem Flugzeug von Paris kommen. Nähere Einzelheiten erhalten Sie, nachdem ich mein Flugticket gekauft habe. Eva Price.

Eva im Land der Träume, so durchlebte sie die Zeit bis Ende Oktober.

Sind die Blätter an den Bäumen in Polen auch so flammend rot wie in Kanada? Oder finde ich vielleicht schon nackte Bäume dort vor? Sie erinnerte sich an den Titel eines Theaterstücks, von dem ihre Mutter ihr einmal erzählt hatte: *Die Bäume sterben im Stehen.* Und warum nicht: *Die Bäume lieben sich im Stehen?* Mama, verliebt? Eva war nun eine reife Frau, ihre Mutter war tot, und dennoch konnte sie sich immer noch nicht vorstellen, dass ihre Mutter, die sich eine solche Mühe beim Zubereiten des Essens gegeben hatte, die mit einer Ernsthaftigkeit

---

[8] Im Original auf Deutsch.

Käsekuchen gebacken und Socken gestopft hatte, dass diese Mutter sich verliebt, das heißt, ein Liebesverhältnis mit einem *Fremden* gehabt hatte. Eva erinnerte sich an den Widerwillen, den sie empfand, als ihre Freundinnen ihr ins Ohr flüsterten, wie *ihr Vater auf ihrer Mutter gelegen hatte* und sie dann später geboren wurde.

»Nein«, war Evas kategorische Antwort, »meine Eltern haben so was nicht gemacht.«

»Aber das mussten sie«, hatte Barbara im Brustton der Überzeugung geschrien, »sonst würde es dich nicht geben.«

»Nun gut, dann haben sie es einmal gemacht, wenn das die einzige Möglichkeit war, dass ich geboren werden konnte.«

»Nein«, hatte Kathy insistiert, »sie machen das nachts, sie machen das jede Nacht. Sie schaukeln so hin und her.«

»Wenn das wirklich so ist, dann machen das meine Eltern nur, wenn ich im Pfadfinderlager bin.«

Eva lächelte bei dieser Erinnerung an die unschuldige Welt ihrer Kindheit.

Wie hat er ausgesehen, dieser Joachim? Und wie sieht Heinrich aus? Eva fing an, die Männer zu beobachten, ihre Gesichter, ihre Silhouetten. Sie musterte ihre Haare, ihre Zähne, ihr Kinn, hielt Ausschau nach ihrem Adamsapfel. Sie betrachtete aufmerksam jeden, der, wie ein richtiger Gentleman, ihr die Tür aufhielt. Sie lächelte kokett, wenn sie »Danke« sagte und ihm dabei direkt in die Augen sah.

Der Herbst kam, aber ihr schien, dass ihr Körper nach Frühling roch.

Ist Heinrich groß, oder ist er vielleicht untersetzt? Mit dichtem Haarwuchs und silbergrauen Schläfen oder einer beginnenden Kahlköpfigkeit? Hat er die Hände eines Pianisten oder eines Metzgers?

Der Alltag wurde immer eintöniger, das Tempo immer langsamer. Gäste und die von den Freunden ihrer Kinder verbreitete Unruhe gingen ihr auf die Nerven, sogar das Kochen wurde ihr zu viel. Ihrem Mann fiel auf, dass ihr gewöhnlich reicher Speiseplan sich auf Spaghetti mit Tomatensauce beschränkte. Manchmal bestellte sie einfach eine Pizza und machte einen Salat dazu. Dann konnte sie es kaum erwarten, bis alle zu Bett gegangen waren.

John schnarchte bereits. Eva sah sich einen Bildband über Warschau an, den sie in der Bibliothek gefunden hatte. In halbwachem Zustand irrte sie durch die Ruinen der vom Krieg zerstörten Stadt auf der Suche nach jemandem. Wenn sie fest ihre Augen schloss, konnte sie Rauch am Himmel sehen und später einen außergewöhnlich schillernden Regenbogen.

In Montréal regnete es in Strömen, und in der Ferne waren Donnerschläge zu hören, die wie ein wütendes Feuerwerk klangen. Eva zog sich die Bettdecke über den Kopf. Sie zwickte John, damit er aufhörte zu schnarchen. Ein schnarchender Ehemann dämpft die Liebe.

6

Zum ersten Mal in seinem Leben kamen Heinrich Zweifel an seinem gesunden Menschenverstand. Sein Vater hatte gewollt, dass er Anna traf und folglich auch ihre Tochter. Aber was brachte ihm das? Reine Zeitverschwendung. Er würde nach Warschau fliegen müssen. Jeder wusste, dass man dort die Deutschen nicht mochte. Und dann, warum sollte er Nicole belügen?

Am Abend waren die düsteren Gedanken jedoch verschwunden. Er musste den Wunsch seines Vaters erfüllen. Es war eigentlich nicht nötig, dass er sich Nicole anvertraute. In Warschau würde er Englisch sprechen. Und nach Berlin musste er sowieso. Es ist ja nur für drei Tage, versuchte er sich zu rechtfertigen, wobei er auf Nicoles offenen Mund blickte. Er konnte nicht schlafen. Seitdem er die Fax-Nachricht von Eva Price erhalten hatte, schlief er sehr schlecht. Wieder hatte er vor etwas Angst, aber wovor? Vielleicht würde ihm Eva gefallen? Er war Nicole nie untreu gewesen, obwohl er spürte dass einige Sekretärinnen ihn nicht zurückgewiesen hätten. Aber er hatte schon einen kleinen Bauch angesetzt. Schuld daran war das Bier. Er sollte besser aufpassen. Er musste abnehmen. Schwimmen gehen. Sich in Form bringen. Sich mehr konzentrieren. Es gab Zeiten, da hörte er seinen Mitarbeitern kaum noch zu. Er wurde immer unaufmerksamer. Nein, er würde seine Pläne nicht ändern. Er würde nach Warschau fahren.

Ein regelrechter Austausch von Fax-Nachrichten fand nun kurz vor Evas Abreise nach Paris statt. Heinrich wollte als Erster im Hotel sein und Eva dann am Flughafen abholen. Sie bat ihn aber, im Hotel auf sie zu warten.

7

Dreiundzwanzigster Oktober. Eva schien es, als habe sie Geburtstag. Heinrich hingegen konnte sich des Gefühls nicht erwehren, zu einer Beerdigung zu gehen. Eva hatte ein schwarzes Kleid mit Ruckendekolleté mitgenommen. Heinrich hatte sich eine neue Krawatte mit gewagten Farben gekauft. Mit Violettschattierungen ähnlich denen seiner Augen. Er hatte eine schöne Lederhülle für die Schachtel besorgt, die er Eva übergeben wollte. Eva hatte Ahornsirup, eine Krawatte und ein Album mit Fotos von Kanada dabei. Auf der letzten Seite war ein Foto von ihr zusammen mit Anna.

Am Flughafen in Warschau nahm Eva ein Taxi, dessen Fahrer die linke Hand verloren hatte. Als sie »Hotel Bristol« sagte, fing der Taxifahrer an, eine Menge zu reden, und sie sagte immer nur »tak, tak«[9] und kam sich dabei wie eine waschechte Warschauerin vor. Als sie dem Taxifahrer ein großzügiges Trinkgeld gab, zitterten ihre Hände und ihr Herz schlug so heftig, als hätte sie eine wichtige Prüfung zu bestehen. Dann fand sie sich in der Empfangshalle des Hotels Bristol wieder.

Hotel Bristol. Es gefiel ihr auf den ersten Blick. Sie hatte den Eindruck, dass sie hierher gehörte, seit der erste

---

[9] Ja, ja.

Stein hier gelegt wurde, um diesen wunderbar festlichen, aber auch faszinierend intimen Ort zu schaffen: ein Ort geschaffen für eine flüchtige Romanze, für ein Liebesabenteuer von einer Nacht oder für eine dauerhafte Beziehung. Eva passte perfekt in das prächtige Ambiente. Sie kannte die Geschichte des Hotels, sie fühlte sich auf besondere Weise zu diesen Räumen hingezogen. Sie bewegte sich wie jemand, der hierher gehörte: ein häufiger Gast, der mit Namen begrüßt wurde. Sie erinnerte sich, aufgrund eines an Paderewski[10] geschickten Telegramms, auf das sie bei ihren Recherchen gestoßen war, dass der Grundstein des Hotels Bristol 1899 gelegt worden war. Sie ahnte, dass Heinrich Riegel dieses Hotel als Treffpunkt für sie ausgewählt hatte, weil es in Zusammenhang mit ihrer Mutter und seinem Vater stand.

Das Foyer des Hotels war nicht allzu groß, es hatte genau die richtige Größe, um einem Gast zuflüstern zu können: »Treten Sie ein, entspannen Sie sich, schauen Sie sich um. Hören Sie die Musik? Das Plätschern des sprudelnden Wassers in unseren komfortablen Badewannen? Edward Grieg hatte im Hotel Bristol übernachtet, und Richard Strauss hatte sich mit seinen Bewunderern oben im Restaurant getroffen; Marie Curie war 1913 hierher gekommen und hatte an dem feinen Schreibtisch ihre Liebesbriefe an Pierre Curie geschrieben (oder war es an einen anderen?). Und von der Decke herab konnte man eine einladende Stimme flüstern hören:

»Möchten Sie tanzen? Das können Sie, aber gewiss doch. Hören Sie Petersburski und Gold, die hier spielen? Kennen Sie ihre Texte? Hören Sie den *Bristol Tango?* Möchten Sie eine Tasse Kaffee? Kommen Sie ins Café

---

[10] Ignacy Jan Paderewski (1860-1941), polnischer Pianist, Komponist, Diplomat, Premierminister Polens.

Bristol. Es besteht seit Oktober 1901. Schauen Sie sich den riesigen Jugendstilleuchter an – seine Leuchtkraft, die Wärme und die Freude, die er ausstrahlt. Einige Zimmer sind direkt miteinander verbunden... Ah! In unseren beiden Restaurants wird die erlesenste Küche Europas serviert. Das *Malinowa* verwöhnt den Gourmet mit traditionellen polnischen Gerichten; das *Marconi* kitzelt den Gaumen auf italienische Art.«

Eva sah sich hier mit Heinrich sitzen. Sie liebte Süßspeisen, und es gab feines Gebäck aus eigener Herstellung, das tagsüber angeboten wurde.

Das nenne ich ein Hotel!, dachte sie. Für Eva verkörperte ein Hotel das Leben an sich: Man wurde geboren, lebte hier so intensiv, wie man nur konnte, und starb dann. Ja, sie würde leben, leben, hier leben, das Leben voll auskosten, das gute Essen genießen und möglicherweise tanzen. Ja, tanzen, herumwirbeln, über den glatten Ballsaalboden gleiten, die festliche Atmosphäre atmen, den Kopf voller Champagner und die Füße so leicht. Mit diesen Gedanken und mit der Entschlossenheit, sich in das Reich der Freude und des Genusses zu begeben, das dieses Hotel versprach und tatsächlich auch zu garantieren schien, verlangte sie den Schlüssel des für ›Frau Eva Price‹ reservierten Zimmers.

Sie spürte jemanden hinter sich.

»Eva Price?«

Sie drehte sich um.

»Ich bin Heinrich Riegel. Sehr erfreut, Ihre Bekanntschaft zu machen.«

Sie sah ihn an, und es verschlug ihr die Sprache. Sie murmelte etwas wie: »Sehr angenehm.«

Sie standen sich gegenüber mit dem Verlangen, etwas Bedeutsames zu sagen, wurden aber von den Konventionen und den unausgesprochenen Barrieren dieser besonderen Begegnung zurückgehalten. Es folgten höfliche Worte, weil etwas gesagt werden musste, um dadurch ihre unbeholfene Verlegenheit und das heimliche Vergnügen, das sie beide empfanden, zu verdecken.

»Sie sind bestimmt müde, möchten Sie sich vielleicht ein wenig ausruhen?«

»Mich ausruhen, nein«, rief sie, als wollte sie sagen: Jede Minute ist jetzt kostbar für mich, ich habe keine Zeit zu verschwenden. Aber stattdessen erwiderte sie: »Nein, ich bringe nur meine Tasche nach oben.«

»Ich helfe Ihnen«, sagte Heinrich.

»Danke.« Sie schaute ihm direkt in die Augen.

»Mein Zimmer ist gegenüber von Ihrem. Wenn Sie möchten, können wir uns in fünfzehn Minuten in der Hotelhalle treffen und etwas trinken.«

»Warum nicht? Sehr gern.« Ihre Stimme klang hölzern, da sie nur schwer ihr Gefühl, so tief von diesem Unbekannten berührt zu sein, kontrollieren konnte.

Heinrich ging in sein Zimmer und beschloss, ein anderes Hemd anzuziehen. Durch den starken Wunsch, einen guten Eindruck zu machen, war er ins Schwitzen geraten.

Er fühlte sich so unbeholfen. Sie dagegen war so charmant. Sie wirkte so vital und gleichzeitig so zart. Dieses kastanienbraune Haar mit dem leichten Rotton. Ja, sie sah ihrer Mutter ähnlich, aber sie hatte haselnussbraune Augen. Als wir uns die Hand gaben, war ihr Händedruck fast wie der eines Mannes, ein fester, selbstsicherer Händedruck, dachte Heinrich und zündete sich eine Pfeife an, um etwas ruhiger zu werden.

Eva wusch sich die Hände, das Gesicht und den Nacken. Sie schminkte sich die Lippen. Sie strich ihr Haar glatt, ordnete ihre Gedanken. Heinrich sah gut aus und roch auch sehr apart. Sie war empfänglich für das Eau de Toilette der Männer. Seine Augen schimmerten in einem

Violetton, und er hatte einen Wuschelkopf wie ein Junge.

Sie wollte nach unten gehen, aber die fünfzehn Minuten waren noch nicht vergangen. Sie packte ihre Sachen aus: ihr Nachthemd, ihren Bademantel, ihren grauen Hosenanzug, zwei Seidenblusen und ihr schwarzes Kleid mit dem Rückendekolleté. Im Badezimmer legte sie ihre Toilettenartikel hin und putzte sich die Zähne. Ein paar Tropfen Parfum hinters Ohr. Danach setzte sie sich reglos aufs Sofa, beobachtete die Uhr und zählte jede Minute – wie eine Schauspielerin, die sich auf ihren Bühnenauftritt vorbereitet.

Um zehn Uhr fünfundfünfzig, vor Lampenfieber fast gelähmt, ging die Schauspielerin nach unten. Heinrich wartete schon auf sie, ganz Herr der Lage.

»Könnten Sie noch einmal zurückgehen und durch die Eingangstür kommen, so als kämen Sie zum ersten Mal hier herein?«

»Sie möchten ein Spiel spielen, um die Begegnung von Anna und Joachim zu rekonstruieren.«

»Vielleicht.«

Folgsam ging Eva zurück, um noch einmal hereinzukommen, als sei es zum ersten Mal. Heinrich machte ein Foto von ihr, um diesen Augenblick festzuhalten, dann ging er auf sie zu und fragte: »Kann ich Ihnen helfen?«

Sie war überrascht: »Ich spreche kein Deutsch.«

»Ich weiß, aber genau so hat das Gespräch zwischen Anna und Joachim begonnen.«

»Und was hat sie geantwortet?«

»Sprechen Sie Polnisch, denn ich würde gerne nach Amerika gehen. Ich habe hunderttausend Złoty.«

»Und was hat Ihr Vater geantwortet?«

»Ich heiße Joachim Riegel und würde Ihnen gerne helfen, weil Sie so entschlossen wirken und so wunderschön sind.« Dann fügte Heinrich rasch hinzu: »Aber er ist nicht hier. Ich bin hier und ich heiße Heinrich Riegel und würde Sie gerne kennenlernen, weil Sie so wunderschön sind.«

Eva errötete, und ein leichter elektrischer Strom durchfuhr sie vom Kopf bis in die Zehenspitzen. »Sie sind also nicht nur ein Bankmanager, sondern auch ein Gentleman.« Sie versuchte die Verlegenheit und die Freude, die sie über die ihr gemachten Komplimente empfand, zu verbergen.

Heinrich kam ihr zu Hilfe: »Hätten Sie Lust, die Stadt zu besichtigen, den Ort zu sehen, wo sich einst das Hotel Polski befand? Dort haben sich mein Vater und Ihre Mutter kennengelernt.«

»Sie verlieren keine Zeit.«

»Nein, ich habe keine Zeit zu verlieren, Frau Price. Ich fliege am Montagmorgen wieder nach Hause, zurück zu meiner Arbeit.«

»Ich weiß, ich auch, ich habe um zwölf einen Flug. Wissen Sie, ich habe die Geschichte über das Hotel Polski gelesen. Das hat mich ziemlich erschüttert. Ihnen ist bekannt, was dort passiert ist, nicht wahr?« Ihr Ton wurde feindselig, und sie spürte, dass sie ihn für irgendetwas anklagte, aber wofür? Ein Deutscher zu sein?

»Ja, mein Vater hat mir einen Brief hinterlassen, worin er seine Beziehung zu Ihrer Mutter sowie die ganzen Hintergründe beschreibt. Ich habe vor, Ihnen diesen Brief heute Abend zu geben, natürlich nur, wenn Sie nichts dagegen haben.«

»Nein, ich habe nichts dagegen.«

Ein Augenblick der Stille folgte. Er hatte das Bedürfnis, diese Stille mit Worten zu füllen. »Ich bin gestern Mittag angekommen und zum Hotel Polski gegangen. Es war, als hätte ich die Stimme meines Vaters gehört, die mir sagte, was ich tun soll.«

Dieses persönliche Eingeständnis stimmte Eva milder, und sie war bereit, ihm diese unerklärliche Angelegenheit, für die sie ihn insgeheim verantwortlich gemacht hatte, zu verzeihen.

»Wissen Sie, ich führe auch manchmal Gespräche mit meiner Mutter. Ich habe das Gefühl, dass sie unsere Begegnung gut findet.«

»Das glaube ich auch«, sagte er mit sanfter Stimme und fuhr dann in einem unpersönlicheren, offizielleren Ton fort: »Ich habe herausgefunden, dass das Hotel Polski 1944 während des Warschauer Aufstandes bis auf die schöne klassizistische Fassade fast völlig zerstört, nach dem Krieg aber wieder aufgebaut wurde. Es dient momentan als Gästehaus des Metallarbeiterverbandes. Direkt neben dem Hotel soll es ein gutes vietnamesisches Restaurant geben.«

Sie gingen vom Hotel Bristol in Richtung Hotel Polski, wobei sie ständig von Passanten angestoßen wurden.

Mein Gott, was für ein Trubel. Fast wie in Paris. Und der Klang dieser fremden Sprache sollte mir wirklich nicht fremd vorkommen, dachte Eva.

Heinrich wollte den Besuch des Hotels Polski auf später verschieben. Und da es bereits fast Mittag war, beschloss er, Eva in das kleine vietnamesische Restaurant einzuladen, damit sie sich im Gespräch näher kennenlernen würden. Sie war einverstanden.

Im Restaurant saßen nur wenige Leute, und sie wählten einen Tisch am Fenster aus. Tadellos saubere und gestärkte Tischdecken – Evas Mutter hatte Leinentischdecken geliebt –, und mehr Kellner als Gäste. Das vietnamesische Essen war recht gut, die Bedienung sehr aufmerksam. Beim zweiten Gang zitierte Heinrich aus einem Reiseführer über Warschau die Beschreibung des

Hotel Polski: »Während des Krieges war das Hotel Polski der Ort einer perfiden List: Die Führung der Nazibesatzer hatte den Juden, die sich versteckt hielten, gegen eine große Summe Geld die Emigration angeboten.« Er legte den Reiseführer zur Seite und aß etwas Reis. Mit einer tieferen Stimme fügte er einen Satz an, der ihm offensichtlich keine Ruhe ließ: »Alle, die kamen, um sich für die Ausreise registrieren zu lassen, wurden in die Vernichtungslager geschickt.«

»Ja, ich weiß. Mama war eine von ihnen, aber sie wurde vermutlich dank Ihrem Vater gerettet. Er war ein guter Deutscher, ich nehme an, dass auch Sie ein guter Deutscher sind.«

»Hören Sie, mein Vater war dort nur Übersetzer. Er hatte keine Ahnung von dieser Verschwörung. Sie werden das sehen und verstehen, wenn Sie diesen Brief gelesen haben.«

»Einverstanden, ich werde diesen Brief lesen. Und Sie werden das Buch über das Hotel Polski lesen. Das wird für uns beide eine Erleuchtung sein.«

»Höre ich da einen Anflug von Ironie bei Ihnen heraus?«

»Nein, nein, überhaupt nicht. Sie sind unschuldig. Ich bin unschuldig. Ihr Vater wusste von nichts. Seine Freunde, seine Gesinnungsgenossen wussten von nichts, niemand war verantwortlich, nicht wahr?«

»Lassen wir es gut sein, erzählen Sie von sich, von Ihrer Familie.«

Heinrich fühlte sich erleichtert, kam sich aber wie ein Feigling vor, weil er Eva nicht die Stirn geboten hatte. Dennoch war er dankbar, dass das Gespräch einen unbeschwerteren Ton angenommen hatte.

Er beschrieb Eva seine aufmüpfige, aber gutmütige Tochter Inge. Er sprach voller Stolz von seinem Sohn

Rudi. Er beschrieb auch aufrichtig und objektiv seine Frau Nicole. Er sprach über seine Arbeit. Sie ihrerseits sprach von ihren Kindern, davon, was für ein guter Mensch John war, so sanftmutig und anhänglich. Wie sehr sie ihre Arbeit liebte und wie gerne sie reiste, um in Hotels zu wohnen. Es war ein höfliches, aufrichtiges Gespräch. Die beiden Gesprächspartner schienen ihre gegenseitigen Ressentiments zu verbergen, indem sie scherzten und einander zu unterhalten versuchten. Geistreich erzählten sie ihre Familiengeschichten.

Als sie das Restaurant verließen, warfen sie einen raschen Blick ins Hotel Polski.

Es widerstrebt ihm, mit mir hineinzugehen, dachte Eva. Ich werde noch einmal allein herkommen müssen. Es zieht ihn zurück ins Hotel Bristol. Joachim und Anna haben gelitten im Hotel Polski, aber sie hatten auch Spaß zusammen. Sie haben im Hotel Bristol getanzt. Heinrich hat Lust, sich zu amüsieren, und offen gestanden, ich auch, ich habe auch genug von der düsteren Stimmung des Holocaust.

Auf dem Rückweg war Heinrich entspannter, und er hakte sich bei ihr unter. Sie beschlossen, eine kleine Nachmittagsruhe einzulegen, aber keiner von beiden konnte schlafen.

Heinrich betrachtete den seltsamen und schmutzigen Warschauer Himmel. Überall auf den Bürgersteigen dieser Stadt hatte er die unruhigen Schritte seines Vaters gespürt.

Eine halbe Stunde später klopfte Eva an Heinrichs Tür. Er saß im Bademantel neben der Lampe und las den *Spiegel*.

»Könnten Sie mir bitte den Brief Ihres Vaters vorlesen, ich meine natürlich übersetzen. Ich möchte alles wissen, und ich möchte, dass Sie das Material lesen, das ich über das Hotel Polski gesammelt habe.« Sie setzte sich ihm gegenüber, auch sie im Bademantel, darum bemüht, diesen Augenblick möglichst locker und entspannt zu gestalten.

Er übersetzte den Brief ganz gut. Sie hörte mit großer Aufmerksamkeit zu. Manchmal bat sie ihn, einen Satz oder ein Wort zu wiederholen.

»Dann waren die beiden also zusammen in diesem wahnwitzigen Zirkus?«, war Evas Kommentar.

»Aber sie haben sich geliebt!« Seine Stimme war lauter als beabsichtigt.

»Hören Sie, es ist vier Uhr, wir wollen nun jeder bis morgen für sich sein, einverstanden? Bis dann.«

Er war enttäuscht, und ihn quälte der Gedanke, dass sie vielleicht verärgert sein könnte, aber er verstand auch, dass sie das alles, worüber sie gesprochen hatten, erst einmal verarbeiten musste. Er küsste ihre Hand, spürte ihre eiskalten Finger, und bevor er »Auf Wiedersehen« sagte, gab er ihr den Ring ihrer Mutter. Sie nahm ihn und steckte ihn geistesabwesend, ohne hinzuschauen, an den Finger. Sie brachte gerade noch ein automatisches Danke heraus, denn sie war in ihre Gedanken vertieft.

Wie konnte Mama die Wahrheit verbergen, fragte sich Eva. Warum hat sie so ein wichtiges Kapitel in ihrem Leben einfach ausgeblendet? Joachim hat wenigstens seinem Sohn einen Brief hinterlassen, hat ihm seine heimliche Affäre gestanden und ihm sogar auf dem Totenbett gesagt, dass er Mama geliebt hat. Sie hingegen war verschlossen, hat ihre Geheimnisse für sich behalten, hat ihre Identität und ihre Wurzeln verleugnet.

Eva zog sich an, warf einen Schal über die Schultern, da es draußen schon kalt war, und nahm ein Taxi zur Długa-Straße 29. Der Eingang war unauffällig, und Eva war überrascht, ein Schild zu sehen:

FEDERACJA ›METALOWCY‹
Pokoje Gościnne
00-238 Warszawa   Tel. 831 4021/29
ul. Długa 29

Sie schaute in ihr kleines Wörterbuch. Es war tatsächlich ein Gästehaus, und es hatte Zimmer zu vermieten.

Sie trat ein. Zu ihrer Linken sah sie eine Frau, vermutlich die Rezeptionistin.

»Guten Tag, ich würde gerne für ein paar Tage ein Zimmer mieten, darf ich mich zuerst mal umschauen?«

Die Frau verstand Englisch und erwiderte: »Gehen Sie nur, schauen Sie sich um, bitte« und machte eine Handbewegung, als wollte sie sagen: ›Machen Sie, was Sie wollen, aber stören Sie mich nicht.‹

Evas Herz pochte heftig, als sie anfing, sich das Gebäude genauer anzuschauen. Die Treppen waren aus Marmor, sie mussten die Bombardierung überstanden haben. Marmortreppen in einem zweitklassigen Hotel! Sie ging nach oben, niemand hielt sie zurück. Sie machte äußerst vorsichtige Schritte, als könne eine Bombe auf ihren Kopf fallen oder als fürchtete sie, es könne jemand um die Ecke kommen und sie fragen: »Kann ich Ihnen helfen?« und »Was tun Sie hier?«

Aber niemand behelligte sie. Im ersten Stock waren ein sehr langer Flur und eine Reihe von Zimmern mit verschlossenen Türen. Dann sah Eva eine Tür, die einen Spalt breit offenstand.

Ein Zimmermädchen wechselte die Bettwäsche. Eva fasste sich ein Herz und sagte: »Dzień dobry« und warf einen Blick in das Zimmer. Ein Bett, ein Kleiderschrank, ein Waschbecken. Spartanisch, fast wie in einem Kloster. Nur das Lebensnotwendige einer Jugendherberge.

Das Zimmermädchen sprach mit ihr, und Eva tat so, als verstünde sie alles und nickte, während ihre Augen aufmerksam umherwanderten.

In der Mitte des ersten Stocks war ein großer Konferenzraum, und ein paar Leute hörten einem Referenten zu. Die Tür war halb offen. Eva bemerkte einen schönen Kronleuchter, der an der Decke hing – etwas Extravagantes an diesem ansonsten so schlichten Ort. Hier mussten sich wohl alle versammelt haben. Trotz der Bombardierung war das Skelett des Hotels erhalten geblieben. Die Marmortreppen und dieser alte Kronleuchter waren Zeugen, sie hatten den Krieg überlebt. Eva begann die Stimmen der Menschen zu hören, deren Geschichten sie gelesen hatte. Die unglücklichen Akteure eines dämonischen Spiels tauchten wieder auf, wie sie es in ihrem Traum getan hatten, oder vielmehr – in ihrem Alptraum. Sie sah ihre Körper, ihre angsterfüllten Gesichter, ihr erregtes Gestikulieren, aber nirgends konnte sie in der Menge ihre Mutter erkennen.

Von oben hörte sie Annas Stimme: »Ich bin hier im zweiten Stock, komm hoch.«

Eva ging nach oben und sah wieder eine Reihe von Zimmern, einen langen kalten Flur. Sie hörte den Widerhall ihrer eigenen Schritte. Es war niemand da. Und dann sah sie am Ende des Flurs einen Aufgang zum Dachboden.

Der Dachboden, er war da, er war wirklich da! Hier hatten sich also diese fünf Personen versteckt, unter ihnen Joachim und Anna. Eva versuchte, die Tür aufzustoßen, aber sie war fest verschlossen.

Dieser Ort flößte ihr eine ebensolche Ehrfurcht und

einen ebensolchen Respekt ein wie das Grab ihrer Mutter. Wie gerne hätte sie in jedem Stockwerk Blumen hingelegt, diese rosé-orangefarbenen Rosen, die ihre Mutter so geliebt hatte.

Nach unten zu gehen war einfacher als nach oben; sie beschleunigte ihren Schritt und warf einen Blick in den Hof. Hier hatten die Menschen Walzer getanzt, debattiert, gestritten. Eins, zwei, drei. Eins, zwei, drei. Werden sie uns töten? Werden sie uns nicht töten? Ein junges amerikanisches Paar mit einem Rucksack riss sie aus ihren Träumen. Sie unterhielten sich lautstark und heiter, eine Bierdose in der Hand.

Eva ging rasch hinaus, winkte dem Schatten ihrer Mutter zu und kehrte zu Fuß zum Hotel Bristol zurück. Es fing an zu nieseln, aber das störte sie nicht. Die Straßen waren nun weniger belebt. Sie beschloss, mit Heinrich zu reden. Plötzlich war sie froh, dass er da war. Jemand wartete auf sie im Hotel in dieser Stadt, die ihr so fremd war und die doch so eng verbunden war mit der Erinnerung an Anna Kamien.

Es war sieben Uhr, als sie an Heinrichs Tür klopfte.

Das Hotel zu betreten hatte ihr das Gefühl gegeben, auf der Weihnachtsfeier eines Freundes erwartet zu werden. Wärme, Fröhlichkeit, Festlichkeit. Sie wollte vergessen, sich den schrecklichen Bildern der Vergangenheit entziehen, sich lebendig fühlen, ohne Schuld oder Feindseligkeit zu empfinden.

»Ja?«, hörte sie Heinrichs erstaunte Stimme.

»Ich bin´s, Eva.«

Heinrich öffnete die Tür. »Kommen Sie herein, bitte kommen Sie herein. Ich war enttäuscht, dass wir keine Zeit mehr zusammen verbringen würden.«

»Aber das werden wir. Ich lade Sie zum Abendessen ein. Hier im Hotel, und ich hoffe, dass Sie ein guter Tänzer sind, denn ich möchte heute Abend tanzen.«

»Nein, ich lade Sie ein. Erlauben Sie mir nur, dass ich mich umziehe, und in zehn Minuten, in einer Viertelstunde hole ich Sie ab.«

»Ja, in einer Viertelstunde, das wäre gut. Schauen Sie, ich trage ihren Ring, den Ring meiner Mutter. Ich finde ihn bezaubernd, und es geht mir schon besser.«

Sie gaben ein blendendes Paar ab, als sie nach unten in das italienische Restaurant gingen.

Einige ausländische Gäste plauderten miteinander, und die Kellner waren sehr bemüht um sie. Heinrich und Eva saßen sich direkt gegenüber, in einer besseren Stimmung als beim Mittagessen. Eva schien ihre offene Feindseligkeit abgelegt zu haben, wusste aber, dass es noch etwas *Unerledigtes* zu regeln gab. Beide kannten die Tatsachen und spürten wahrscheinlich den gleichen Schmerz; aber die Kriegsereignisse sahen sie unterschiedlich.

Wollte sie, dass er ›*mea culpa*‹ sagte, wie Willy Brandt das getan hatte? Wollte sie, dass er vor dem Mahnmal des Warschauer Ghettos niederkniete? Natürlich nicht. Schließlich hatte er sich an diesem Wahnsinn nicht beteiligt, er war nicht verantwortlich dafür. Sie sah in ihm einen Mann und nicht einen Deutschen. Er war um die Fünfzig, gut gebaut, groß und stattlich, mit violettfarbenen Augen, weißen Zähnen und sinnlichen Lippen.

»Für mich sind Sie ein Mann, *ein Mensch*[11]«, sagte sie unvermittelt.

»Und Sie sind für mich eine Frau, eine wunderschöne Dame«, erwiderte er und küsste ihre Hand. »Und danke, dass Sie mich *ein Mensch* genannt haben.«

Sie bestellten Champagner, während die Band *Everybody*

---

[11] Im Original auf Deutsch.

Loves Somebody spielte. Dann erhob er sich feierlich und forderte sie zum Tanz auf. Sie trug ihr schwarzes Kleid mit dem Rückendekolleté, und er berührte ihre nackte Haut mit den Fingern eines Pianisten.

Sie tanzten wie ein Paar, das Unterricht im Gesellschaftstanz genommen hatte. Sie bewegten sich graziös und harmonisch, Eva kam all seinen Bewegungen zuvor, Heinrich führte ihre Schritte sanft, aber bestimmt. Sicher dachten die anderen, sie wären ein Ehepaar, als sie für einige Augenblicke fast allein über die Tanzfläche glitten, während die anderen applaudierten. Eva war begeistert und erregt. Würde ihre Mutter diese Verrücktheit gutheißen? Eva tanzte mit dem Sohn des Mannes, der ihre Mutter gerettet hatte. Aber ein Teil in ihr kämpfte gegen diesen angenehmen Zustand an, denn sie sah die Gefahr, dadurch, dass sie sich zu diesem Mann, zu dieser verbotenen Liebe, hingezogen fühlte.

Als sie sich wieder hinsetzten und das Orchester eine Pause machte, nahm sie einen Schluck Champagner und fing leise an zu singen: »Ich weiß nicht, was soll es bedeuten, dass ich so traurig bin. Ein Märchen aus alten Zeiten, das kommt mir nicht aus dem Sinn.«

Heinrich war verblüfft. »Sie kennen das Lied?«

»Ja, ich war im Universitätschor. Das ist von Heinrich Heine, stimmt´s? Einem einst verbotenen Dichter. Wissen Sie, ich habe irgendwo gelesen, dass die Nazis während des Krieges es nicht erlaubten, Chopin zu spielen.«

»Nicht möglich. Das kann ich nicht glauben.«

»Sie glauben das nicht?«

Heinrich errötete, denn es fiel ihm wirklich schwer, das zu glauben.

»Glauben Sie, was Sie über das Hotel Polski gelesen haben?«

»Ja, natürlich. Aber warum denn verbieten, Chopin zu spielen?«

»Aber andere Dinge, die die Deutschen getan haben, die können Sie verstehen? Denn verstehen heißt verzeihen, nicht wahr?«

»Wohl nicht.«

Er gab sich geschlagen. Sie hatte ihn in die Enge getrieben, so inquisitorisch, so aggressiv. Was war los mit ihr?

»Sagen Sie, warum haben Sie mir dieses Treffen überhaupt vorgeschlagen? Um mit mir ins Bett zu gehen? Um etwas Aufregendes wiederzubeleben, um sich wie Ihr Vater zu fühlen, um etwas zu erleben, das über das Gewöhnliche hinausgeht, weil Ihr Leben so monoton, so langweilig ist? Und was soll der Brief, den Ihre Stiefmutter an meine Mutter geschrieben hat? Was wollte sie? Seit ich diesen Brief bekommen habe, kann ich nicht mehr schlafen. Ich habe über all die Kriegsgräuel gelesen. Die Grausamkeiten Ihrer Landsleute. Sie wollen einen Orden dafür, dass Ihr Vater mit meiner Mutter geschlafen hat? Sie wollen eine Art Absolution? Ich habe ein ganz normales Leben in meinem Land geführt, und dieser Brief hat mein Leben total auf den Kopf gestellt. Nun muss ich mich, als Protestantin, mit der Tatsache auseinandersetzen, dass meine Mutter Jüdin war, und ich weiß nicht, was ich mit dieser Entdeckung anfangen soll. Warum haben Sie diese Begegnung initiiert? Wem nützt das?«

Sie fing an zu weinen. Die Reise, die Bürde der plötzlichen Erkenntnisse, die Spekulationen und Zweifel, die Konfrontation mit der unbekannten Vergangenheit, die Ressentiments ihrer Mutter gegenüber, weil sie ihr alles vorenthalten hatte, gemischt mit dem Gefühl der Dankbarkeit, dass ihre Mutter ihre Vergangenheit verschwiegen hatte, dies alles belastete sie sehr. Und vor allem die Angst, sich zu verlieben, sich so hingezogen zu fühlen zu diesem Menschen, einem verheirateten Mann, einem Deutschen jenseits des Atlantiks.

»Jeder klagt die Deutschen an.« Heinrich war aufgebracht. »Wir haben genug davon, wir wollen vergessen. Wir haben auch gelitten, wissen Sie. Wir zahlen noch immer für die Sünden unserer Väter... Tatsache ist: Mein Vater hat Ihre Mutter gerettet! Ich habe mit der Vergangenheit nichts zu tun, verstehen Sie! Wenn man besessen ist von der Vergangenheit, kann man sich die Zukunft vergiften. Ich wollte Sie nicht aus der Fassung bringen, aber es ist gegen meinen Willen passiert. Es musste passieren. Mein Vater... er wollte, dass ich diesen Ring Ihrer Mutter zurückgebe. Das tut mir alles sehr leid. Aber warum muss ich mich entschuldigen? Auch für mich ist es schwer, wissen Sie, Sie tragen den Schmerz nicht allein. Auch ich leide.«

Er presste ihre Hände an seine Lippen und fing wie ein Junge an zu weinen.

»Oh bitte, weinen Sie nicht. Wir müssen uns wieder fassen, wir sind schließlich erwachsene Menschen. Gehen wir.«

Als sie in der schwach beleuchteten Hotelhalle waren, küsste sie ihn auf seine feuchten Augenlider; sie hatte noch nie einen Mann weinen sehen. Es berührte sie. Es berührte sie sehr.

Dieser Ausbruch war wie eine Katharsis, eine Erleichterung für beide. Sie wünschten sich eine gute Nacht. Sie fühlten sich erschöpft. Das Duell war beendet. Sie wusste, dass sie den Kampf begonnen hatte, sie hatte Heinrich provoziert, weil sie Angst hatte, eine Dummheit zu begehen. Sie hatte Angst, sich zu verlieben.

»Bitte entschuldigen Sie meine heftige Reaktion«, sagte

sie, bevor sie in ihr Zimmer ging. »Ich habe niemanden außer Ihnen, mit dem ich über diese Dinge sprechen kann. Es ist eine verdrängte Angst. Sie sind freilich der Letzte, der meine Anschuldigungen hören sollte. Sie sind der Sohn Ihres Vaters, und er war anständig, eben *ein Mensch.*[12]«

Der nächste Tag war ein schöner Herbsttag, obwohl die Sonne etwas blass war. Ein goldener Warschauer Herbst. Sie trafen sich beim Frühstück. Durch das Fenster beobachteten sie die Passanten – fremde Gestalten in einem fremden Stück: *Das wahre Ende des Großen Krieges.* Oder würde er vielleicht nie zu Ende gehen?

Sie beschlossen, in den Łazieńki-Park zu gehen. Sie spazierten durch den Park, befreit von ihrem Schmerz. Sie setzten sich auf eine Bank inmitten von anderen Menschen, die alle der Revolutionsétude von Chopin lauschten. Nun begriff Heinrich, warum es verboten war, während des Krieges Chopin zu spielen.

Plötzlich fragte Eva: »Ist es möglich, dass Ihr Vater Sie Heinrich getauft hat, weil Heinrich Heine auch ein verbotener Dichter war?«

Sie sagte nicht ›ein jüdischer Dichter‹, sondern ›ein verbotener Dichter‹, dachte Heinrich. »Wissen Sie, darüber habe ich noch nie nachgedacht, aber es ist gut möglich. Sehr gut möglich.«

Nach dem Konzert und dem Spaziergang hatte Eva das Bedürfnis, einen Augenblick allein zu sein. »Heinrich, wenn es Ihnen nichts ausmacht, würde ich mich gerne ein wenig ausruhen. Können wir uns heute Abend in der Hotelhalle treffen?«

Er stimmte zu, wenn auch ungern. Er merkte, dass er

---

[12] Im Original auf Deutsch.

lieber die ganze Zeit mit ihr zusammen gewesen wäre, um sie anzuschauen, während sie schlief.

Früher als zur verabredeten Zeit ging Heinrich nach unten in die Hotelhalle und bestellte sich an der Bar einen Drink. Er dachte an nichts und hatte auch nicht die Kraft, etwas zu empfinden. Es war bereits Samstag. Diese Eva ist wirklich unberechenbar. Am Abend würde er sie zum Essen ins *Eilat* einladen. Irgendwo hatte er gelesen, dass der Besitzer dieses berühmten Restaurants, in dem Diplomaten, Schauspieler und Ausländer verkehrten, Stanisław Pruszyński war, der Sohn eines recht bekannten polnischen Schriftstellers. Stanisław hatte in Kanada gelebt. Vielleicht würde sich Eva freuen, ihn kennenzulernen.

Heinrich hatte gerade seinen Cognac getrunken, als Eva die Treppe herunterkam. Sie sah blendend aus in Rock und Seidenbluse, irgendwie anders. Zugänglicher. Sie erlaubte ihm, sich bei ihr unterzuhaken.

Stanisław war nicht da, aber das Essen war ausgezeichnet. Im Restaurant war es laut und gemütlich. Sie unterhielten sich und gingen nun wie Freunde miteinander um, sahen sich zärtlich an.

Zurück im Hotel, bat Heinrich Eva, in sein Zimmer zu kommen, damit er ihr die Schachtel geben konnte und sie sich gemeinsam die Fotos aus der Kriegszeit, die er mitgebracht hatte, anschauen konnten. Sie setzten sich in die Nähe der Lampe, die ihre aufmerksamen Gesichter beleuchtete. Feierlich öffnete er die Schachtel und breitete wie ein Museumsführer oder ein Archivar einige Postkarten von Anna aus sowie ihr Foto und das einzige, in jener Zeit entstandene Foto seines Vaters.

»Wenn Sie diese Postkarten übersetzen lassen könnten

und mir eine Kopie davon schicken würden, wäre ich Ihnen sehr dankbar.« Eva betrachtete das Foto mit dem jungen Joachim. »Ihr Vater war wirklich eine sehr interessante Persönlichkeit. Wie hat er in den letzten Jahren ausgesehen?«

»Er hatte sich nicht verändert, nur sein krauses Haar war grau und irgendwie stumpf geworden. Er hatte nie ein Bäuchlein so wie ich. Kurz bevor er starb, hatte er jedoch sehr viel Gewicht verloren.«

»Ja, ich verstehe, warum Mama so fasziniert war von ihm. Sie war auch sehr schön, finden Sie nicht?«

»Sehr schön. Sie sehen ihr sehr ähnlich.«

»Oh, wie kann ich mich mit ihr vergleichen.«

» Sie tragen den Ring?«

»Aber ja. Er ist so bezaubernd. Möchten Sie ihn mir wirklich geben?«

Sie spielte mit dem Ring und spürte die warmen Finger ihrer Mutter... »Und das ist für Sie: etwas Ahornsirup, eine Hermès-Krawatte und ein Album mit Fotos von Kanada.«

»Hermès! Ich bin sehr gerührt. Oh, und die Marienkäfer, sie werden mir Glück bringen. Auf einem grünen Hintergrund, das ist die Farbe der Hoffnung. Ich werde sie bei besonderen Anlässen tragen.«

Und dann fragte er ganz unerwartet: »Spielen Sie zufällig Schach? Erinnern Sie sich an den Brief, in dem mein Vater das Spiel mit Ihrer Mutter beschreibt, und wie sie die Partie gewonnen hat?«

»Nein, ich spiele nicht Schach, aber ich würde es gern lernen.« Sie stand auf. »Vergessen Sie nicht, ich bin nicht meine Mutter, und Sie sind nicht Ihr Vater. Es ist schon spät, gute Nacht.« Eva ging in ihr Zimmer.

8

Sonntag. Eine noch müde Sonne. Drei Tage in Evas und Heinrichs Leben. Wie viel kann man durchleben, über sich erfahren, über die Welt und die Geheimnisse der menschlichen Seele?

Nach einem Besuch der Altstadt beschloss Eva, nicht den Ort aufzusuchen, wo sich einst das Ghetto befunden hatte, sie wollte keine Friedhofshyäne sein.

Es war ihr letzter Abend. Sie wurden von der heiteren Stimmung, die um sie herum herrschte, erfasst. Nach dem Abendessen gingen sie in die Hotelbar, wo eine Tanzkapelle spielte. Heinrich forderte Eva zum Tanz auf. Sie fühlte sich so leicht wie eine Feder, wie ein Schmetterling. Auch er ließ sich von der Musik forttragen. Eva hatte ihr schwarzes Kleid angezogen und ließ, im Gegensatz zum vorgestrigen Tag, ihren Gefühlen freien Lauf.

»Wissen Sie, dass Anna und Joachim hier getanzt haben?«, fragte Heinrich.

»Ja, ich weiß, ich spüre sogar den Rhythmus ihrer Tanzschritte.«

Tanz des Todes, Tanz der Hoffnung, Tanz der Sehnsucht, Tanz der Verachtung, Tanz der Angst, Tanz des Lebens.

Eva und Heinrich tanzten ohne das geringste Schuldgefühl. Eva wollte vergessen, dass sie verheiratet war. Am liebsten hätte sie sich in der Umarmung ihres Partners aufgelöst.

Verrückter Reigen, eins, zwei, drei, eins, zwei, drei. Bis in den Morgen hinein wollten sie tanzen. Sie tranken Champagner. Eva vernahm in ihrem Kopf ein angenehmes Rauschen. In ihren Zehen spürte sie eine leichte Taubheit. Sie kicherte wie ein junges Mädchen.

Um zwei Uhr in der Früh gingen sie in Heinrichs Zimmer. Es musste so sein.

Sie hatte keine Angst mehr vor den Folgen. Der Ring ihrer Mutter gab ihr ein magisches Gefühl des Vertrauens, der Sicherheit, dass es morgen auch noch schön sein und kein schlechter Beigeschmack zurückbleiben werde. Dass der nächste Morgen nach der Nacht mit Heinrich nach Vergissmeinnicht und Sonnenblumen duften werde.

Sie hatte den Eindruck, die halbe Welt zu umarmen, die Erde und die Sonne zugleich. Die Wellen des Ozeans wichen im ruhigen Rhythmus eines Bootes zurück. Sterne funkelten an der Zimmerdecke.

Sie hielten sich fest umschlungen, formten einen perfekten Kreis: Anna und Joachim, Eva und Heinrich.

Am nächsten Morgen wachte Eva auf, als Heinrich ihr sanft über die Wange strich. Sie lächelte.

»Ich muss los, mein Taxi wartet. Sehen wir uns wieder? Vielleicht wirst du Deutschland besuchen?«

»Vielleicht wirst du mal nach Kanada kommen?«

»Ja, vielleicht. *Vielleicht.*« Er küsste ihre Hand und schloss dann behutsam die Tür hinter sich.

Als Eva ihre Rechnung bezahlen wollte, erfuhr sie, dass diese schon beglichen worden war. Dann hörte sie den Hotelboy, er rief ihren Namen.

»Frau Price, ein Blumenstrauß für Sie.«

»Für mich?«
»Ja. Und ein Brief.«
Er enthielt ein paar Zeilen aus Goethes Faust in Heinrichs Handschrift:

Alles Vergängliche
Ist nur ein Gleichnis;
Das Unzulängliche,
Hier wird's Ereignis;
Das Unbeschreibliche,
Hier ist's getan;
Das Ewig-Weibliche
Zieht uns hinan.

Bei kalliope paperbacks erschienen:

Ida Casaburi

C wie Chiara, D wie Davonfliegen

157 S., geb. mit Lesebändchen
Roman
ISBN 978-3-9814953-1-7

Haben wir die Wahl, wie das Leben mit uns spielt? Chiara Alberti glaubt, dass ihre Karten nicht gut gemischt wurden. An dem Vermächtnis ihrer Vorfahren trägt sie schwer. Mit ihrem Elternhaus in Italien verbindet sie keine guten Erinnerungen, und sie leidet an einer unentdeckten Krankheit, die sie seit ihrer Kindheit vergiftet.
Als junge Frau entflieht Chiara der kleinen Provinzstadt am Fuße des Vesuvs. Auf dem Weg zur Selbstfindung gerät sie in unglückselige Beziehungen zu Männern, sie verliert ihre beste Freundin und ringt um die Liebe ihrer Tochter. In ihrem Kampf verlässt sie immer wieder der Mut. Und doch ist es nicht zuletzt die Mutlosigkeit, die sie zur Kämpfenden werden lässt.
In ihrem dritten Roman entwirft Ida Casaburi eine einfühlsame, atmosphärisch dichte Erzählung, die den Leser in die Lebensart der Süditaliener eintauchen lässt.

Ida Casaburi

Das Hausmädchen mit dem Diamantohrring

207 S., geb. mit Lesebändchen
Roman
ISBN 978-3-9810798-9-0

Sole Kotilge verlässt nach einem Streit ihr Elternhaus und wohnt bei einer Freundin. Ein Abstieg von Kempinski zu Jugendherberge und von Prinzessin auf der Erbse zu Cinderella!

Kein Platz, kein Auto und mit drei Jobs keine Zeit, um ihre Examensarbeit zu beenden. Das ändert sich, als sie die etwas seltsame Annonce von Norman Braun liest: *Alleinstehender Akademiker sucht einfache, absolut un-*

scheinbare Haushälterin mit vegetarischen Kochkenntnissen. Freie Zeiteinteilung, gute Bezahlung, separate Wohnung, Pkw.
Die ideale Stelle, theoretisch, denn Sole ist alles andere als *einfach* und keineswegs *unscheinbar*. Sie hat eine große Ähnlichkeit mit dem Hollywoodstar Scarlett Johansson und dem berühmten Portrait ›Das Mädchen mit dem Perlenohrring‹ von Jan Vermeer van Delft.
Da hilft nur eines: Aus dem Schwan muss ein hässliches Entlein werden. Ein verwickeltes Maskenspiel beginnt.

> »Skurrile Typen in den Stadtschluchten von Mainhattan [...], als ob wirklich ein italienischer Woody Allen Pate gestanden hätte. Ein Boléro, der sich in ein furioses Finale steigert [...] feinstes Boulevard. Und das ist selten.«
> **Michael Bauer, kurzdielyrik**

Ida Casaburi
Der Lockruf

183 S., geb. mit Lesebändchen
Roman
ISBN 978-3-9810798-4-5

Welche Bedeutung hat der letzte Eintrag aus dem Logbuch von Kapitän Monnier? Handelt es sich um Ereignisse, die nicht nur mit dem Meer, dem Wetter und dem Schiff in Zusammenhang stehen?

Der introvertierte Buchrestaurator Axel Menzel vermutet, dass sie etwas mit ihm zu tun haben könnten.

Kurz vor seinem Zusammenbruch beginnt er seine Geschichte niederzuschreiben, die während einer Geschäftsreise in Neapel ihren Anfang nahm. Dort geriet er durch das Selbstportrait einer schönen Frau und einer geheimnisvollen Botschaft in den Sog seltsamer Ereignisse.

Erhielt den Bücherbüffetpreis 2012, 2. Platz

Andrea van Bebber
Töne durch die Wand

275 S., geb. mit Lesebändchen
Roman
ISBN 978-3-9810798-7-6

»Die ersten Töne machen sich auf den Weg, schleppen mich hinter sich her, ungefragt, ich folge ihnen…«

Für Anne ist die Musik ein Refugium und Rettungsanker zugleich. Mit ihrer Hilfe gelingt es ihr, kleine, immer wieder von Konflikten geprägte Schritte zu wagen. In der Hoffnung, der Gewalt und emotionalen Kälte ihrer Kindheit und Jugend zu entfliehen. Als sie Jan kennenlernt, scheint sich Annes Wunsch, in einer neuen Familie Sicherheit und Geborgenheit zu finden, zu erfüllen. Doch als sie ihr Kind verliert, überstürzen sich die Ereignisse.

»Der Autorin gelingt die Evokation von Kindheitsträumen, in denen Bilder entstehen, die erzählerisch und sprachlich von großer suggestiver Kraft sind.«
Rhein-Neckar-Zeitung

»Andrea van Bebber spielt mit den Worten und präsentiert ein fein geschnürtes Paket intensiver Sprachelemente.«
Mannheimer Morgen

»Eine „coming of age"-Geschichte, manchmal erbarmungslos hässlich, manchmal zart und süß – aber immer mit einem äußerst ehrlichen literarischen Ton. Larmoyanz und Selbstmitleid ist der Autorin fremd, mit treffsicheren und sprachlich starken Bildern bannt sie die Vergangenheit zu einem bezwingenden Lebensportait von großer literarischer Meisterschaft. Beeindruckend und berührend!«
Markus Schneider, Bücherland Sinsheim

Uli van Odijk

7 Flower Street

212 S., geb. mit Lesebändchen
Roman
ISBN 978-3-9810798-8-3

»Vertrauen, so hatte ich immer geglaubt, war die Basis unserer Ehe gewesen.« Doch die Gemälderestauratorin Luise de Groot wird eines Besseren belehrt und von der Realität eingeholt, als ihr Mann Max im Beisein einer Fremden tödlich verunglückt. Luise forscht nach und stellt fest, dass Max sich mehrmals mit Tosca getroffen hatte. War sie seine Geliebte? Warum sonst hätte Max sie ihr gegenüber verschweigen sollen?

Auf der Spurensuche, die Luise bis an die südliche Spitze Afrikas führt, wird sie von Selbstzweifel und Unsicherheit geplagt. Doch am Kap der Guten Hoffnung gelingt es ihr, nicht nur die Fäden der Vergangenheit zu entwirren, sondern auch Mut zu zeigen, als sich die Chance für einen Neuanfang bietet.

»Uli van Odijk beweist großes Einfühlungsvermögen in ihre Figuren. Sie schildert Kapstadt in farbigen Bildern und Szenen und lässt die Leser ihre Begeisterung für Südafrika spüren, ohne die Schattenseiten zu verschweigen.«

Ida Schikorsky, Stilistico

Nominiert für den LiBeraturpreis 2009

Anne Schuster

Begegnung mit einer Vergessenen

212 S., geb. mit Lesebändchen
Roman
Aus dem Englischen von Bettina Weiss
ISBN 978-3-9810798-3-8

Anna lebt im heutigen Kapstadt und schreibt Briefe in die Vergangenheit an ihre Urgroßmutter Maria. Dabei stößt sie bei ihrer Ahnenforschung in den Archiven auf ein lang verschwiegenes Familiengeheimnis. Mehr und mehr wird Anna durch die Umstände, die dazu geführt haben, Maria in die Psychiatrie abzuschieben, in ihren Bann gezogen. Fakten und Fiktion beginnen sich in Annas und Marias Erzählungen zu vermischen, denn auch Marias Stimme ist zu hören. Gelähmt und stumm wandert sie im Geiste zurück und versucht herauszufinden, was sie ans Bett fesselte.

»Eine Doppelbiographie – spannend wie ein Krimi.«
Schwäbische Zeitung

»Filmreifes Krimi-Juwel.«
LiteraturNachrichten

Nominiert für den LiBeraturpreis 2007

Dianne Case
Nicht alles ist ein Zauberspiel

214 S., Broschur
Roman
Aus dem Englischen von Bettina Weiss
ISBN 978-3-9810798-0-7

Auch in Südafrika gibt es die starken, schwachen und witzigen Frauen in der Literatur, wie sie seit Eva Heller, Hera Lind, Gaby Haupt-mann und anderen in Deutschland als verlegerische Erfolgsrezepte gelten. Nach Marita van der Vyver und Rachelle Greeff, die die afrikaanssprachige Männerlandschaft aufmischten, begab sich Dianne Case ins Getümmel um Frauen mit viel Drive und einigen Defiziten.

Eve Zvichanzi Nyemba
Look Within – Aus voller Seele

120 S., gebunden
Gegenwartslyrik aus Simbabwe, zweisprachig (engl/dt)
Mit Zeichnungen von Amy Laidlaw
Aus dem Englischen von Bettina Weiss
ISBN 978-3-9810798-6-9

Welche Ängste, Sorgen und Hoffnungen beschäftigen die junge Generation Simbabwes? Dem Irrsinn standhalten – welche Kraft, welchen Mut bedarf es dazu? Eve Zvichanzi Nyemba gehört zu dieser Generation und ihre Lyrik spricht aus voller Seele, unverblümt und plastisch.

Bei der Suche nach den Geheimnissen der Beziehung zwischen Mutter und Tochter, Mann und Frau, dem Geheimnis von Leidenschaft und Verrat, auf der Suche nach der Stärke der Frauen verharren die lyrischen Geschichten nicht innerhalb fest markierter Grenzen. Sie gewähren tiefe Einblicke und nehmen uns mit auf eine ungewöhnliche Reise.

»Für alle, denen die Kurzform Lyrik und die darin komprimierten Aussagen über Stimmungen und Befindlichkeiten allein als Ausdruck einer „vollen Seele" zusagen und die sowohl die Seele der Frau schlechthin als auch der Afrikanerin erfassen wollen, ist dieses Buch eine wertvolle Lektüre.«

Felsgraffiti

Kara Benson

Briefe aus Simbabwe

140 S., Broschur, bebildert
Roman in Briefen
Aus dem Englischen von Kara Benson
ISBN 978-3-9810798-1-4

Ganz anders als in Norman Rushs Erzählungen *Weiße oder Allein in Afrika*, in denen sich die Protagonisten in ihren Klagen über den Schmutz, die Langeweile und das von der Hitze verbrannte Land verlieren, Klagen, die ihnen jeglichen Optimismus und Lebensmut rauben, erlebt Kara ihr neues Zuhause voller Lebenskraft und subtiler Poesie. In Briefform schreibt sie an ihre Freundin Hannah über Ihre Erlebnisse – Beschwingt, kraftvoll, zuweilen mit bissiger Ironie.

Kara Benson

Letters from Zimbabwe

124 S., Broschur, bebildert
Roman in Briefen
ISBN 978-3-9810798